Liebe Glücksuchende,

gleich mehrmals hintereinander landete Finnland beim „World Happiness Report" der Vereinten Nationen auf dem ersten Platz. Was liegt da näher, als der Hauptstadt des ganz offiziell glücklichsten Landes der Welt einen Besuch abzustatten und sich dort auf die Suche nach Orten zu begeben, die einem ein zufriedenes Lächeln auf die Lippen zaubern?

Für mich persönlich ist Helsinki schon seit vielen Jahren eine ganz besondere Stadt, ein Herzensort. Ich liebe die einzigartige Kombination aus Natur, die selbst im Zentrum erlebbar ist, und urbanem Leben. Die „weiße Stadt des Nordens", die auch „Tochter der Ostsee" genannt wird, ist zu jeder Jahreszeit einen Besuch wert.

Bei der Zusammenstellung der 80 Glücksorte habe ich auf eine bunte Mischung geachtet aus bekannten Sehenswürdigkeiten, die teilweise aus einem völlig neuen Blickwinkel betrachtet werden, und noch eher unbekannten Perlen. Wo gibt es in Helsinki die leckersten Zimtschnecken, in welcher Kaffeerösterei kann ich frisch aufgebrühten Kaffee genießen und welche Adresse sollten sich Liebhaber handwerklich gebrauter Biere merken? An welchen Orten ist ein Eintauchen in die typisch finnische Saunakultur möglich? Ich lade Sie ganz herzlich dazu ein, mich auf eine Glücksreise in meine zweite Heimat im Norden zu begleiten!

Ihr René Schwarz

Deine Glücksorte ...

... noch mehr Glück für dich

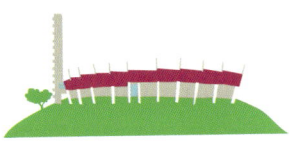

Willkommen in Helsinki

 Der Hauptbahnhof

Wer in Helsinki nicht gerade mit der Fähre oder dem eigenen Auto ankommt, macht automatisch Bekanntschaft mit dem Hauptbahnhof der Stadt. Denn die vom Flughafen kommenden Bahnen haben allesamt ihren Endhaltepunkt in dem Kopfbahnhof, der mitten im Zentrum liegt. Wer hier einfährt, sollte also wissen: Dies ist der Ort, an dem das Helsinki-Abenteuer seinen Anfang nimmt. Tervetuloa Helsinkiin – willkommen in Helsinki!

Alle, die schon einige Male hier waren, kennen das wohlige Gefühl, wenn der Regionalzug nach dem vorletzten Halt Pasila auf die letzten Meter rollt. Vorbei am Vergnügungspark Linnanmäki, an der Bucht Töölönlahti entlang. Dann heißt es „alle bitte aussteigen" und die Gänsehaut ist da. Der Hauptbahnhof von Helsinki ist für viele ein sehr emotionaler Ort, der verknüpft wird mit freudigen Ankünften und tränenreichen Abschieden. Aber er ist auch ein architektonisches Meisterwerk, sodass es sich direkt lohnt, den Fotoapparat oder das Smartphone zu zücken. Von Stararchitekt Eliel Saarinen entworfen, beinhaltet das Bahnhofsgebäude Elemente des Jugendstils sowie des Neoklassizismus. Am 5. März 1919 wurde es eingeweiht. Charakteristische Merkmale sind der weithin sichtbare Uhrenturm sowie die am Haupteingang zu bewundernden Statuen von Emil Wikström. Diese Statuen haben absoluten Kultcharakter. Sie werden nicht zuletzt für diverse Werbemaßnahmen genutzt. Während der Covid-19-Pandemie erhielten sie Masken, um als Vorbild für die Bevölkerung zu dienen.

Diverse Geschäftsflächen, Restaurants und Bars im Bahnhofsgebäude und in der unmittelbaren Umgebung lassen den Hauptbahnhof zu einem lebendigen Ort der Begegnung werden. Wer das Finnland jenseits der Hauptstadt mit der Bahn erkunden möchte, steigt in den Zug seiner Wahl. Wie wäre es mit einem Ausflug in die ehemalige Kapitale Turku? Oder klingt eine Nachtzugreise nach Rovaniemi in Finnisch-Lappland – zum offiziellen Sitz des Weihnachtsmannes – nicht verlockend?

● Helsingin päärautatieasema, Kaivokatu 1, 00100 Helsinki
● ÖPNV: z. B. Tram 3, 5, 6, 7, 9, Haltestelle Rautatieasema, oder Metro, Haltestelle Rautatientori, vom Flughafen kommend Regionalzüge P oder I

Käffchen mit Domblick

2 *Das Café Engel*

Eine der exklusivsten Aussichten Helsinkis bietet das Café Engel seinen Gästen. Wer sich hier niederlässt, blickt auf den Senatsplatz und das wohl bekannteste Wahrzeichen der Stadt: den weißen Dom. Wer im richtigen Blickwinkel fotografiert, kann sogar die Spiegelung des Kirchenbaus im Fenster des Cafés ablichten.

Das Café Engel befindet sich im Sunni-Haus, das zu den ältesten Steinhäusern Helsinkis gehört. Es wurde im Jahr 1765 anstelle einer ehemaligen Fabrik erbaut. Welcher Architekt für das unterste Stockwerk verantwortlich war, weiß heute keiner mehr so genau. Als die oberen Geschosse in den 1830er-Jahren entstanden, hatte jedenfalls ein gewisser Carl Ludwig Engel seine Finger im Spiel. Der Deutsche hatte in seiner Heimatstadt Berlin zu studieren begonnen und sein Studium in St. Petersburg fortgesetzt. Später stieg er zu einem der wichtigsten Gestalter des heutigen Helsinki auf. Aus seiner Feder stammten unter anderem die Pläne für den Dom, das Hauptgebäude der Universität – und eben das Café Engel, das bis heute seinen Namen trägt.

TIPP Den besten Domblick bieten die Tische im Außenbereich des Cafés, der zum Senatsplatz gerichtet ist.

Wer seinen Tag im Stadtzentrum von Helsinki verbringen möchte, für den bietet sich ein gemütliches Frühstück im Café Engel an. Ob mit Birchermüsli, Blaubeeren und Preiselbeeren, leckeren Brötchen und Fruchtsäften oder Eiern und Bacon, auf der vielseitigen Frühstückskarte findet sich für jeden Geschmack das Passende. Neben Tee wird eine große Bandbreite an Kaffeespezialitäten angeboten, angefangen beim Kaffee des Hauses über Espresso und Cappuccino bis hin zu Caffè Latte oder Caffè Mocha. Sobald die warme Küche geöffnet hat, bietet das Café Engel eine Auswahl finnischer Klassiker. Mit der fantastischen Lachssuppe oder den Fleischbällchen mit Kartoffelbrei und Preiselbeeren macht der hungrige Reisende nichts falsch. Bleibt nur noch die Frage: Wie soll es gelingen, bei all diesen kulinarischen Köstlichkeiten überhaupt noch den einzigartigen Blick zu genießen? Am besten noch einen Kaffee bestellen, sich zurücklehnen und diesen Moment voll auskosten.

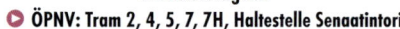

Café Engel, Aleksanterinkatu 26, 00170 Helsinki, Tel. +358(0)9 65 27 76
www.cafeengel.fi
ÖPNV: Tram 2, 4, 5, 7, 7H, Haltestelle Senaatintori

Nicht nur für Leseratten

 Die Zentralbibliothek Oodi

Was gehört für einen Großteil der Finnen zu einem glücklichen Leben? Ein gutes Buch! Es gibt kaum ein europäisches Land, das über eine solch lebendige Bibliothekskultur verfügt wie Finnland. Kein Wunder, dass es eines Tages an der Zeit war, der allgegenwärtigen Leseliebe in Helsinki ein architektonisches Denkmal zu setzen. Die im Dezember 2018 eröffnete Zentralbibliothek Oodi ist genau das – und noch so viel mehr. Schon von außen fällt das Gebäude auf. Nur wenige Schritte vom Hauptbahnhof entfernt, in Nachbarschaft zum Reichstag, dem Konzerthaus Musiikkitalo und dem Kiasma Museum für zeitgenössische Kunst, ist Oodi Teil eines modernen Ensembles im Herzen Helsinkis. Geschwungene Formen und große Glasfronten lassen das riesige Bauwerk dynamisch erscheinen. Dabei wirkt es keinesfalls protzig, sondern repräsentiert eher die typisch nordische Bescheidenheit.

Oodi soll nicht nur eine Ode an das Lesen sein. Die Bibliothek wurde konzipiert als Ort der Begegnung und des sozialen Miteinanders. Ein Platz, an dem Jung und Alt nicht nur kostenfrei Zugang zu Literatur bekommen, sondern sich gegenseitig bereichern. So beherbergt das Gebäude neben einer großen Auswahl an Büchern und anderen Medien viele gemütliche Sitzgelegenheiten, die zum Lesen, Arbeiten und Kommunizieren einladen. Es gibt Gruppenarbeitsräume, 3-D-Drucker, Nähmaschinen, Computer für Freelancer und Zocker. Sogar ein voll ausgestattetes Tonstudio steht Musikern zur Verfügung. In einer Sitzecke treffen sich ältere Damen zum Stricken, im Kinderbereich toben die Kleinsten ausgelassen umher. Die Begeisterung für Literatur wird in Finnland schon von Anfang an auf spielerische Art und Weise vermittelt. Welch eine Freude, dabei zuzusehen! Und natürlich darf ein Café nicht fehlen, damit sich jeder in diesem wunderbaren neuen Wohnzimmer der Stadt stärken kann. Oodi – das ist nicht nur eine Hommage an Literatur und Gemeinschaft, sondern auch an das kleine Glück im Alltag.

TIPP Unbedingt den Panoramablick vom Oodi-Balkon auf Sehenswürdigkeiten wie den Reichstag genießen!

◗ Zentralbibliothek Oodi, Töölönlahdenkatu 4, 00100 Helsinki, Tel. +358(0)9 31 08 50 00
www.oodihelsinki.fi/en/
◗ ÖPNV: Metro, Haltestelle Rautatientori; Tram 3, 5, 6, 7, 9, Haltestelle Kaivokatu, oder
Tram 1, 2, 4, 10, Haltestelle Lasipalatsi

Ibiza-Feeling im Norden

4 *Das Saunarestaurant Löyly*

Helsinki ist eine Stadt am Meer mit einer schier endlos erscheinenden Küstenlinie. In den letzten Jahren hat sich an den Ufern eine Menge getan. Neue Treffpunkte des urbanen Lebens kamen hinzu – wie das Saunarestaurant Löyly Helsinki. Einer der Bauherren: der unter anderem aus der Kultserie „Vikings" bekannte Schauspieler Jasper Pääkkönen. Sowohl von seinem Angebot her als auch in architektonischer Hinsicht ist hier ein modernes „Must-see" entstanden, das sich ohne Weiteres in die Reihe der klassischen Sehenswürdigkeiten einfügen darf.

Löyly, das ist der finnische Begriff für den bei Aufgüssen entstehenden Wasserdampf. Löyly, das ist ein wichtiger Teil der finnischen Kultur und bei einem Saunagang unverzichtbar. Löyly Helsinki knüpft an diese Tradition an und transformiert sie auf beeindruckende Weise ins Hier und Jetzt. Die futuristische, aus Holzelementen bestehende Konstruktion schmiegt sich stimmig ans Ufer des Hernesaarenranta, nicht einmal zwei Kilometer von der Innenstadt entfernt. Ein Spaziergang entlang des Eiranranta bietet sich an. So nähert sich der Besucher Schritt für Schritt dem modernen Wellnesstempel und der anschließende Drink auf der Löyly-Terrasse mit unverbautem Blick auf die Ostsee weiß umso mehr zu munden. An einem lauen Sommerabend, wenn die Segel- und Motorboote in Sichtweite auf den sanften Wellen kreuzen, fühlt es sich fast schon ein wenig wie auf Ibiza an. Mediterranes Feeling pur! Ein ganzheitliches kulinarisches Konzept, bestehend aus Restaurant, Bar, Lounge und Terrasse, lockt Besucher von nah und fern an.

Natürlich wollen wir nicht das eigentliche Herzstück des Löyly vergessen: Der Sauna- und Spa-Bereich begeistert mit drei Saunen. Eine traditionelle Rauchsauna und eine mit Holz befeuerte große Sauna sind öffentlich zugänglich, während eine weitere kleine Sauna für private Zwecke angemietet werden kann. Selbstverständlich ist eine Abkühlung im Wasser der Ostsee möglich. Im Winter steht sogar ein Eisloch für die ganz Mutigen bereit.

●●

▶ Löyly Helsinki, Hernesaarenranta 4, 00150 Helsinki, Tel. +358(0)9 61 28 65 50
www.loylyhelsinki.fi/en/
▶ ÖPNV: Bus 14, 18N, Haltestelle Henry Fordin katu

Hotspot für Gourmets

5 *Die Alte Markthalle*

Ein Besuch der Alten Markthalle – Vanha Kauppahalli – ist ein ganz besonderes Erlebnis für alle Sinne. Die erste und älteste Markthalle der Stadt wurde im Jahr 1888 eröffnet und ist bis heute nicht nur ein Touristenmagnet, sondern auch ein authentischer Treffpunkt der Einheimischen. An kaum einem anderen Ort in Helsinki können Besucher so hautnah in die traditionelle Esskultur eintauchen und sich auf vielfältigste Art und Weise kulinarisch verwöhnen lassen. Denn die Markthalle mit ihren etwa 120 Ständen bietet für jeden Geschmack einzigartige Hochgenüsse.

Die direkt am Hafenbecken gelegene Alte Markthalle lässt sich prima mit einem Besuch des Kauppatori mit seinen Marktzelten verbinden. Die Halle ist von Montag bis Samstag jeweils von 8 bis 18 Uhr geöffnet. Es lohnt sich, früh zu kommen und ein wenig Zeit mitzubringen. Denn morgens locken die Marktstände mit frischer Ware und die Auswahl ist am größten – optimale Voraussetzungen für einen ausgedehnten Bummel, in dessen Rahmen möglicherweise auch das eine oder andere Mitbringsel entdeckt wird. Ob frischer Fisch, Wild, vegetarische Leckereien, verführerisch duftendes Gebäck und eine gute Tasse Kaffee oder Spezialitäten aus fernen Ländern – die Alte Markthalle ist eine wahre Schatztruhe für alle, die sich gerne auf eine kulinarische Entdeckungsreise begeben möchten. Das Schöne ist: Nicht nur die Preise sind größtenteils erstaunlich human, sondern auch die Verkäufer üben eine angenehm nordische Zurückhaltung. So kann sich jeder in aller Ruhe an den Ständen umsehen, ohne zu einem Kauf gedrängt zu werden. Besteht Interesse an einem Angebot, ist eine freundliche Beratung selbstverständlich. Kein Wunder, dass nicht nur die Hauptstädter immer wieder gerne hierherkommen!

TIPP Im zentralen Bereich der Markthalle einen Kaffee trinken und dabei den Blick hinaus auf den Hafen genießen!

Vanha Kauppahalli, Eteläranta 13, 00130 Helsinki
www.vanhakauppahalli.fi/en/
ÖPNV: Tram 2, Haltestelle Kauppatori oder Eteläranta

16

Über den Dächern der City

6 Roof-Top-Pool und Skybar des Clarion Hotel

Stolze 78 Meter hoch in den Himmel ragen die Türme des Clarion Hotel Helsinki. Ein Gebäude, das auffällt in einer Stadt, in der es nicht gerade von Wolkenkratzern wimmelt. Entsprechend großes Aufsehen erregte denn auch die Eröffnung des Hotels Ende 2016. Im Viertel Jätkäsaari direkt neben dem Westhafen gelegen, ist das Clarion sehr gut zu erreichen. Zu einem Großteil der wichtigen Sehenswürdigkeiten gelangt man in wenigen Minuten zu Fuß. Wer es etwas bequemer mag, steigt direkt vor der Tür aus der Tram. Das Hotel bietet jedoch nicht nur eine erstklassige Erreichbarkeit sowie auf 16 Stockwerken modern und hochwertig eingerichtete Zimmer, die teilweise über Meerblick verfügen. Zu einem echten Glücksort machen es sein exklusiver Roof-Top-Pool und die Skyroom-Bar, hoch oben über den Dächern der City.

So ist es schon ein außergewöhnliches Erlebnis, morgens nach dem Aufstehen in luftiger Höhe eine Runde zu schwimmen und dabei den Ausblick auf die Stadt zu genießen. Der Pool auf der Dachterrasse des Hotels ist zwar nicht riesig, aber ganzjährig beheizt und lädt zu entspannten Momenten unter dem Himmelszelt ein. Nach dem Bad kann auf bequemen Sitzgelegenheiten in der Lounge weiter relaxt werden. Zum Aufwärmen stehen zwei Saunas, eine für die Damen und eine für die Herren der Schöpfung, bereit. Wer im Hotel übernachtet, darf den gesamten Roof-Top-Pool- und Terrassenbereich kostenlos nutzen.

Auch all diejenigen, die kein Zimmer gebucht haben, können das Panorama genießen. Im zweiten Turm des Clarion Hotel Helsinki ist die Skyroom-Bar zu einem angesagten Treffpunkt geworden. Die Kombination aus einem klassisch-eleganten Ambiente, den spektakulären Ausblicken und einer erstklassigen Getränkekarte wirkt wie ein Magnet auf die ausgehfreudigen Hauptstädter. Darf es zur Feier des Tages eine Flasche Champagner sein oder doch lieber ein prickelnder Cocktail zum Anstoßen auf das Leben und diesen wunderbaren Tag?

○ Clarion Hotel Helsinki, Tyynnemerenkatu 2, 00220 Helsinki, Tel. +358(0)1 08 50 38 20
○ ÖPNV: Tram 7, 9, Haltestelle Huutokonttori

18

Kleinstadtromantik

7   *Unterwegs in Käpylä*

Nordöstlich des Messegeländes liegt eines jener ruhigen und friedvollen Wohnviertel, wie es sie in Helsinki außerhalb des Zentrums so einige gibt. Jede Menge Grün, viel Platz zur persönlichen Entfaltung und niemand kommt dem anderen aufdringlich nahe. Stadtnahes Wohnen ohne großstädtische Hektik – ein Traum, der für die etwa 7600 Einwohner von Käpylä gelebte Realität ist.

Im Gegensatz zu manch anderem, weiter außerhalb gelegenen Stadtteil ähnlicher Gestalt ist Käpylä – auf Schwedisch Kottby genannt – ganz hervorragend erreichbar. Die Tramlinie 1 hat hier ihre Endstation, außerdem halten die Regionalzüge I, N und T am Bahnhof Käpylä. Wer mit der Bahn ankommt, kann als Erstes einen Abstecher zum Taivaskallio, Helsinkis höchster natürlicher Erhebung, machen und dort den weiten Blick bis zur City und zum Meer genießen.

Herzstück des Viertels ist Puu-Käpylä, direkt übersetzt Holz-Käpylä, gewissermaßen eine Art „Altstadt", bestehend aus malerischen Holzhäusern in bunten Farben. Die Gartenstadt Puu-Käpylä wurde Anfang der 1920er-Jahre von den Architekten Martti Välikangas und Akseli Toivonen entworfen. Ziel war es damals, Wohnraum für die Arbeiterklasse zu schaffen. Heute haben sich hier Menschen aus den verschiedensten gesellschaftlichen Milieus niedergelassen, darunter Musiker, Künstler und Familien aus der Mittelschicht. Wer durch Puu-Käpylä schlendert, erlebt Kleinstadtromantik in ihrer wunderschönsten Ausprägung. Die Uhren scheinen hier einfach noch langsamer zu ticken und das gemütliche Ambiente hat mit Sicherheit seinen Einfluss auf diejenigen, die hier leben dürfen.

Neben dem Holzhausviertel gibt es in Käpylä noch einen weiteren Distrikt von historischer Bedeutung. Das Olympische Dorf für die in Helsinki ausgetragene Sommerolympiade im Jahr 1952 befindet sich etwas südlich von Puu-Käpylä. Auch für die Athleten der für 1940 geplanten, dann aber verschobenen Olympischen Sommerspiele wurden hier Unterkünfte errichtet.

- -

     ▶ **Puu-Käpylä, Pohjolankatu, 00610 Helsinki**
     ▶ **ÖPNV: Tram 1, Haltestelle Pohjolanaukio**

Treffpunkt großer Feiern

8 *Havis Amanda*

Helsinki gilt nicht nur als die „weiße Stadt des Nordens", sondern hört auch auf den wohlklingenden Namen „Tochter der Ostsee". Zu verdanken ist das einer eher unscheinbar wirkenden Bronzestatue, die von dem Bildhauer Ville Vallgren entworfen wurde. Das einschließlich Brunnenbecken etwa fünf Meter hohe Bauwerk entstand in den Jahren 1905 bis 1908 und blickt seither auf den zentralen Platz der Stadt, den Kauppatori.

Die Havis Amanda erinnert ein wenig an Kopenhagens Hauptsehenswürdigkeit. Und tatsächlich handelt es sich bei der Statue um eine Meerjungfrau. Gerade hat die Schöne das Meer verlassen und beschlossen, an Land zu gehen: Helsinki, die Tochter der Ostsee. So weit zumindest Vallgrens Fantasie. Seine Landsleute waren zunächst gar nicht so angetan von der Figur, deren weibliche Reize für die damalige Zeit durchaus gewagt betont worden waren. Ob man dieses diskussionswürdige Objekt nicht lieber woanders hin verfrachten könnte? Nun, letztendlich kam es so, wie es fast immer bei „Neuem" ist: Die anfänglichen Proteste ließen nach. Mit der Zeit schlossen die Einwohner Helsinkis nicht nur Frieden mit der Havis Amanda, sondern die Statue und der Brunnen wurden schließlich sogar zum beliebtesten Ort, wenn es etwas Besonderes zu feiern gibt.

Jedes Jahr an Vappu, dem finnischen Maifeiertag, herrscht rund um die Statue Hochbetrieb. Die Studenten feiern ausgelassen mit ihren weißen Studentenmützen, die Havis Amanda wird gewaschen und erhält selbstverständlich auch eine Mütze. Nicht nur an Vappu schlägt das Feierherz der Stadt an diesem Ort. Immer dann, wenn Finnland eine Eishockey-Weltmeisterschaft gewonnen hat, findet ein ähnliches Spektakel – dann mit ganz vielen weiß-blauen Flaggen – statt. Zum Ort des puren Glücks und der kollektiven Ekstase wurde der Platz, als „Suomi" 2019 nach unzähligen vergeblichen Anläufen endlich die allererste Qualifikation für eine Fußball-Europameisterschaft gelang. Der Traum von Generationen wurde Wirklichkeit. Das musste gebührend gefeiert werden.

⊙ **Havis Amanda, Kauppatori, 00130 Helsinki**
⊙ **ÖPNV: Tram 2, Haltestelle Kauppatori**

Paradies für Naschkatzen

9 · Das Fazer Experience Visitor Centre

Als Karl Fazer im August 1866 in Helsinki das Licht der Welt erblickte, konnte noch niemand ahnen, dass der Sohn eines Schweizer Auswanderers einmal eine der bekanntesten Persönlichkeiten Finnlands sein würde. Im Herbst 2016, ziemlich genau 150 Jahre später, feierte die nach ihm benannte Firma ihr 125-jähriges Jubiläum und eröffnete in Helsinkis nördlicher Nachbarstadt Vantaa ein Besucherzentrum, das Schleckermäuler unbedingt ansteuern sollten.

Direkt neben der Schokoladenfabrik liegt das moderne Fazer Experience Visitor Centre, in dem sich alles um die heute längst über die Landesgrenzen hinaus bekannte Süßwarenmarke dreht. Um einen Rundgang durch die gesamten Räumlichkeiten machen zu können, müssen Besucher sich einer Führung anschließen. Diese startet in einer Art tropischem Garten, in welchem Kaffeebohnen, Kakaopflanzen und Zimtbäume zu bewundern sind, die die Rohstoffe für Fazers Schokoladenkreationen liefern. Natürlich wachsen sie sonst nicht in Finnland, sondern dienen lediglich als Anschauungsmaterial. Weiter geht es mit einem Film über den Firmengründer und die rasante Entwicklung des Unternehmens, gefolgt unter anderem von einer Ahnengalerie und einer Sammlung historischer Werbetafeln und Verpackungen. An einem Wunschbaum können alle Naschkatzen ihre ganz persönlichen Wünsche für zukünftige Leckereien hinterlassen. Verschiedene Riegel und Bonbons dürfen noch während der Führung probiert werden.

TIPP *Tickets für die Führung am besten vorab über das Internet buchen!*

So bleibt einem am Schluss gar nichts anderes übrig, als im Fazer-Shop, der an das Besucherzentrum angeschlossen ist, die Taschen zu füllen. Hier gibt es eine breite Vielfalt an süßen Verführungen zu ermäßigten Konditionen. Soll es die klassische Milchschokolade sein oder haben vielleicht Lakritzspezialitäten die Nase vorn? Ach was, wozu sich den Kopf zerbrechen. Im Himmel für Naschkatzen sind ein paar Sünden absolut erlaubt. Schließlich freuen sich auch die Daheimgebliebenen über Souvenirs, die den Gaumen verwöhnen.

▶ Fazer Experience Visitor Centre, Fazerintie 6, 01230 Vantaa, Tel. +358(0)98 76 20 40
www.visitfazer.com
▶ ÖPNV: Metro M2 bis Mellunmäki, dann Bus 587 bis Fazerila, von dort ca. 4 Minuten Fußweg

Stadtrundfahrt mal anders

 Mit der Tram durch Helsinki

Helsinki ist eine Stadt der kurzen Wege. Speziell im Zentrum sind die allermeisten Sehenswürdigkeiten nur wenige Schritte voneinander entfernt. Es spricht also eine Menge dafür, hauptsächlich zu Fuß unterwegs zu sein. Wer sich dann aber doch mal einen Gesamtüberblick verschaffen möchte oder etwas weiter weg liegende Ziele erreichen will, der wird am hervorragend ausgebauten Tramnetz der Stadt seine Freude haben. Teure Sightseeing-Busse braucht hier wirklich niemand. Denn mit der Tram geht es nicht nur wesentlich günstiger, sondern auch viel authentischer. Für ein paar Euro gibt es das Einzelticket. Wer sich ein Tagesticket besorgt, muss nicht auf die Uhr schauen und kann nach Lust und Laune zwischendurch aussteigen und sich umsehen.

Wichtigster Knotenpunkt des Tramnetzes ist die zentral gelegene Haltestelle Ylioppilastalo. Hier besteht die Möglichkeit, in sieben verschiedene der insgesamt zehn Linien einzusteigen. Wir entscheiden uns zunächst für Linie 2 in Richtung Olympiaterminaali. Durch die belebte Einkaufsmeile Aleksanterinkatu steuern wir geradewegs auf den Dom zu. Eine gute Gelegenheit für einen Fotostopp und vielleicht ein Käffchen im Café Engel? Mit der nächsten Tram 2 geht es nun in südliche Richtung, vorbei an der Bronzestatue Havis Amanda am Boulevard Esplanadi, auf unserer Rechten dann der Marktplatz Kauppatori und das Hafenbecken sowie die Alte Markthalle. Am Olympiaterminaali, wo die Fähren der Tallink Silja liegen, ist Umsteigen angesagt. Mit der Linie 3 streifen wir den Park Kaivopuisto, wo sich schon die nächste Pause anbietet. Quer durch die Stadtteile Ullanlinna und Punavuori setzen wir die Fahrt in Richtung Norden fort, folgen ein Stück der Partymeile Frederikinkatu und gelangen über den Bulevardi wieder zu unserem Ausgangspunkt, der Haltestelle Ylioppilastalo. Appetit bekommen auf mehr? Dann einfach sitzen bleiben und mit der Tram 3 unter anderem Hauptbahnhof, Universität, das Szeneviertel Kallio und den Vergnügungspark Linnanmäki erreichen.

TIPP **Auch die Tramlinien 1, 4 und 6 eignen sich prima für die Stadterkundung auf eigene Faust!**

> **Möglicher Startpunkt: Haltestelle Ylioppilastalo, 00100 Helsinki**
> **ÖPNV: Tram 1, 2, 3, 4, 6**

Insel der Eichhörnchen

Das Freilichtmuseum Seurasaari

Einer der schönsten Orte, um die Natur inmitten der Hauptstadt zu erleben, ist die 0,46 Quadratkilometer große Insel Seurasaari. Etwa vier Kilometer nordwestlich des Zentrums erstreckt sich eine Oase der Ruhe, die wie geschaffen ist, um abzuschalten und aufzutanken.

Über eine Fußgängerbrücke mit malerischen, weiß angestrichenen Torbögen aus Holz geht es vom Festland auf die Insel. Diese ist nicht nur Naherholungsgebiet für die Hauptstädter, sondern auch Standort eines Freilichtmuseums, das Einblicke gibt in die Lebensweise der Finnen in vergangenen Zeiten. Aus verschiedenen Regionen des Landes wurden historische Gebäude zusammengetragen und auf Seurasaari aufgestellt. Insgesamt sind es 87 Bauten aus dem 17. bis 20. Jahrhundert, vom herrschaftlichen Gutshof über das schicke Pfarrhaus bis hin zu einfachen Bauernhäusern. Sogar eine Holzkirche, die vormals im kleinen Ort Karuna stand, ist auf Seurasaari zu besichtigen und gilt als eine der Hauptattraktionen auf der Insel. Wem es genügt, die Gebäude nur von außen zu bewundern, der kann dies das ganze Jahr über tun, ohne einen Cent dafür bezahlen zu müssen. Ein Ticket muss erst dann erworben werden, wenn die Häuser von innen besichtigt werden sollen. Das ist lediglich während der Sommermonate möglich.

TIPP Jedes Jahr wird auf Seurasaari Mittsommer mit einem traditionellen Feuer gefeiert.

Dem Sommer auf Seurasaari wohnt ohnehin ein ganz besonderer Zauber inne. Denn wenn die Sonne hoch am Himmel steht und sich nur für wenige Stunden hinter dem Horizont verabschiedet, stehen die Chancen ausgezeichnet, einigen der handzahmen Eichhörnchen zu begegnen, die die Insel bevölkern. Zwei Badestrände sind weitere Argumente dafür, weshalb Seurasaari für viele solch ein Herzensort und geradezu ein Paradies auf Erden ist. Im Winter ist ein Spaziergang über die Insel nicht minder reizvoll. Tief verschneit scheint sie in eine Art Winterschlaf versunken. Naturverbundene Menschen genießen dann die klare Luft und die Ruhe in diesem kleinen Märchenland.

Seurasaari, 00250 Helsinki, Tel. +358(0)2 95 33 69 12 (nur in der Sommerzeit)
www.kansallismuseo.fi/en/seurasaarenulkomuseo
ÖPNV: Bus 24, Haltestelle Seurasaari

Modernes Lichterfest

12 *Lux Helsinki*

Die Winter im Norden Europas sind lang und dunkel. Während in der Advents- und Weihnachtszeit traditionell alles im festlichen Lichterglanz erstrahlt, kann der düstere Januar schon mal zu einer echten Herausforderung für die Psyche werden. Damit es gar nicht erst so weit kommt, hat man in der finnischen Hauptstadt ein Lichtkunstfestival ins Leben gerufen, das für alle offensteht und kostenlos ist. Lux Helsinki findet seit 2009 einmal jährlich statt und sorgt mit teils spektakulären, teils einfach nur wunderschönen Lichtinstallationen für magische Momente Anfang Januar. Nach Weihnachten und Silvester in ein Loch fallen? Das kommt in Helsinki gar nicht in Frage, denn die temporäre urbane Outdoor-Kunstgalerie lässt ein ums andere Mal das Herz von Bewohnern und Besuchern höherschlagen.

Zum Konzept von Lux Helsinki gehört es, dass nationale und internationale Künstler ihre Lichtkunstwerke an zahlreiche Fassaden in der Innenstadt projizieren. Dabei ist nur eines sicher: eine enorme Vielfalt an unterschiedlichen Gesamtkunstwerken, von lichtangestrahlten Gebäuden über von Musik begleitete Videoproduktionen bis hin zu kinetischen Lichtphänomenen. Entlang einer offiziellen Route können Besucher sich von Kunstwerk zu Kunstwerk bewegen, ohne etwas zu verpassen. So geht es beispielsweise von der Finlandia-Halle am Nationalmuseum vorbei hinüber zur modernen Zentralbibliothek Oodi. Ein besonderes Highlight ist natürlich die Illumination des weißen Doms, die sich vom Senatsplatz aus hervorragend in ihrer ganzen Pracht genießen lässt. Spätestens, wenn bunte Lichter über die altehrwürdige Fassade tanzen, verschwimmen die Grenzen von Realität und inspirierender Fiktion für einige Augenblicke. Dies sind die Momente, in denen der graue Alltag mit all seinen Herausforderungen schier unendlich weit weg zu sein scheint. Es sind die Momente, die unser Leben ausmachen und ihm einen besonderen Glanz geben. So werden kalte und dunkle Tage zu einem berauschenden Fest des Lichts.

....

▶ **Lux Helsinki**
www.luxhelsinki.fi/en/

In Granit gehauen

13 *Die Temppeliaukio-Kirche*

Nicht nur Jerusalem hat einen Tempelberg. Auch in Helsinki gibt es eine Anhöhe mit dieser Bezeichnung. Ein ruhiger und friedlicher Ort, wenn nicht gerade Reisebusse ganze Touristenscharen dort abladen. Wer die Massen meiden möchte, besucht die zu Helsinkis Top-Sehenswürdigkeiten gehörende Temppeliaukio-Kirche – auch Felsenkirche genannt – zu den Randzeiten. Denn eines ist klar: Diese Attraktion sollte für jeden Helsinki-Newbie auf dem Programm stehen.

Die Temppeliaukio-Kirche wurde im Jahr 1969 nach Plänen der Architekten Timo und Tuomo Suomalainen fertiggestellt. In einen massiven Granitfelsen gehauen, von denen es in Finnland so viele gibt. Die schroffen Steinwände stehen im Kontrast zum Kupferdach, das mit 180 Fenstern bestückt wurde, durch die Tageslicht in den Kirchenbau fällt. Unter der Kuppel herrscht eine fabelhafte Akustik, weshalb es ein wahres Vergnügen ist, hier den Klängen des Orgelspiels zu lauschen. Dazu muss nicht zwingend ein Gottesdienst oder Konzert stattfinden. Mit etwas Glück erwischt der Besucher einen Zeitpunkt, an dem gerade geprobt wird.

TIPP *Einen besonders guten Überblick hat man von der Empore aus.*

So oder so ist es zu empfehlen, einfach mal für ein paar Minuten auf einer der violett bezogenen Kirchenbänke, die bis zu 750 Personen eine Sitzgelegenheit bieten, Platz zu nehmen und innezuhalten. Die Temppeliaukion kirkko strahlt im Vergleich zu manch anderem lutherischen Kirchenbau eine unglaubliche Wärme aus. Als wäre es ein Wohnzimmer, in dem man es sich gemütlich macht. Dennoch ist das Interieur insgesamt wohltuend schlicht, sodass der Blick auf das Wesentliche nicht von unnötigem Prunk vernebelt wird. Aber was ist eigentlich das Wesentliche? Ganz gleich ob religiös oder nicht, in diesem in dieser Form weltweit einzigartigen Bauwerk kann jeder von uns wieder ein klein wenig Demut erfahren gegenüber der Natur, die in Form der rauen Felswände stets präsent ist. Genauso kann es das kleine Glück des unverhofften Orgelspiels sein, das sich als Verwöhnprogramm für die Ohren erweist.

● Temppeliaukion kirkko, Lutherinkatu 3, 00100 Helsinki
● ÖPNV: Tram 1, 2, Haltestelle Hanken oder Sammonkatu

Zimtschnecken mit Ausblick

14 *Das Cafe Regatta*

Schon von Weitem erkennbar ist das in leuchtendem Rot angestrichene Cafe Regatta. Es liegt ein wenig abseits der Innenstadt im Stadtteil Töölö, unweit des Finnlands berühmtestem Komponisten gewidmeten Sibelius-Monuments. Das süße kleine Café bietet sich an für eine genussreiche Auszeit vom Sightseeing. Einfach mal für ein paar Minuten am Meer sitzen, die heimelige Atmosphäre genießen und sich eine köstliche Stärkung gönnen.

Das Cafe Regatta in seiner heutigen Form wurde im Jahr 2002 eröffnet. Die Historie des Gebäudes reicht jedoch zurück bis ins vorletzte Jahrhundert. 1887 erbaut, diente das Häuschen zunächst der berühmten Kaffee-Dynastie Paulig als Aufbewahrungsort von Fischernetzen. Die Villa der Pauligs lag gleich nebenan. Seit 1952 beheimatete das rote Holzhaus mehrere Sommercafés. Heute ist das Cafe Regatta kaum noch wegzudenken und eine echte Institution in Helsinki. Es bringt eine große Portion ländlichen Charme in die Großstadt, denn genau dieser rote Anstrich ist typisch für einen Großteil der Holzhäuser in Finnland. Wer das Gebäude betritt, fühlt sich sogleich wie in einer anderen Welt. Alles wurde mit viel Liebe zum Detail eingerichtet und so lohnt es sich, genauer hinzusehen. In der Sommerzeit gibt es jedoch nichts Schöneres, als draußen direkt am Wasser zu sitzen und sich an den wohl besten Zimtschnecken („Korvapuusti") der Stadt zu erquicken. Unbedingt probieren! Anschließend darf es vielleicht noch ein Stückchen Blaubeerkuchen sein zum Kaffee?

Wer möchte, kann draußen am Feuer sitzen und Würstchen grillen. Ein klein wenig Wildnisromantik mitten in Helsinki! Und diejenigen, die sich vor dem Schlemmen gerne noch etwas sportlich betätigen wollen, können sich ein Kanu, Kajak oder Ruderboot ausleihen. Oder wie wäre es, auf einem Stand-Up-Paddling-Board eine Runde durch die Bucht zu drehen? Im Cafe Regatta sind alle herzlich willkommen – Menschen wie Haustiere.

Cafe Regatta, Merikannontie 8, 00260 Helsinki
www.caferegatta.fi/in-english/
ÖPNV: Bus 24, Haltestelle Sibeliuksenpuisto, von dort ca. 300 Meter Fußweg

Highlight des Jugendstils

⓯ *Das traditionsreiche Robert's Coffee Jugend*

Es gibt Cafés, in die geht man, um einen Kaffee zu trinken oder Leute zu treffen. Und dann gibt es Cafés wie das Robert's Coffee Jugend. Dort gibt es ebenfalls ausgezeichneten Kaffee und die Möglichkeit, mit lieb gewonnenen Menschen oder neuen Bekanntschaften eine gute Zeit zu verbringen. Aber hier ist alleine schon die Lokalität selbst die Anreise wert.

Klar, wenn ein Café direkt am Esplanadi-Park liegt, nur wenige Schritte von Marktplatz und Dom entfernt, dann deutet dies darauf hin, dass es ein besonderer Ort sein dürfte. Wer die auf Helsinkis Boulevard vorbeischlendernden Passanten beobachten möchte, nimmt denn auch an einem der Tische im Außenbereich Platz. Nachdem Sitzplätze mit der richtigen Blickrichtung gesichert wurden, geht es zum Bestellen nach drinnen. Dann steht man in dem über 200 Jahre alten Jugendstilraum, die Theke gerät für den Moment zur Nebensache und die Augen wandern von den edlen Teppichen bis hinauf zur kunstvoll gestalteten Kuppel. Was für ein geradezu surreal erscheinender Ort! Was für ein Fest für alle Architekturliebhaber, aber nicht nur die. Der von Lars Sonck entworfene Raum wurde mit viel Fingerspitzengefühl zu einem stimmungsvollen Café umgestaltet, in dem der Geist längst vergangener Tage immer noch sehr lebendig ist. Warum nicht für eine Weile in einem der urgemütlichen Ledersessel versinken? Doch halt, hier duftet es verführerisch nach frisch gebrühtem Kaffee. Stimmt, da war ja noch etwas! Nicht leicht fällt die Wahl zwischen dem Klassiker des Hauses, Filterkaffee „House Blend", und den diversen anderen Sorten, für die Kaffeebohnen aus aller Welt auf Lager sind. Wem der Sinn eher nach Tee oder einem Kaltgetränk steht, der wird ebenfalls fündig. Das hausgemachte Gourmet-Eis ist ein wahrer Gaumenschmaus. Kleine Snacks und ein Mittagsbuffet stillen den kleinen und etwas größeren Hunger. Robert's Coffee Jugend ist das selbsternannte „Mothership" der von Robert Paulig gegründeten finnischen Kaffeehauskette, die bis heute im Familienbesitz ist.

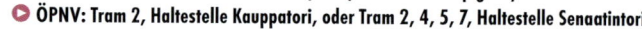

🔘 **Robert's Coffee Jugend, Pohjoisesplanadi 19, 00100 Helsinki, Tel. +358(0)4 47 26 00 08**
www.robertscoffee.com/cafe/roberts-coffee-jugend/
🔘 **ÖPNV: Tram 2, Haltestelle Kauppatori, oder Tram 2, 4, 5, 7, Haltestelle Senaatintori**

Zwischen Kanonen

 Das UNESCO-Weltkulturerbe Suomenlinna

Es gibt keinen Reiseführer über Helsinki, in dem Suomenlinna nicht als Top-Sehenswürdigkeit erwähnt wird. Im 18. Jahrhundert unter damals noch schwedischer Herrschaft erbaut, erstreckt sich der einstige Flottenstützpunkt über sechs miteinander verbundene Inseln. Erwartet den Besucher hier also Massenabfertigung und Gedränge wie am Eiffelturm oder Kolosseum? Nein. Größere Menschenansammlungen sind maximal im Hochsommer auf der Fähre möglich. Spätestens nach dem Anlegen auf Suomenlinna geht jeder seines Weges – zu erkunden gibt es schließlich mehr als genug.

Die dicken Mauern und Befestigungsanlagen erstrecken sich über mehrere Kilometer. Historische Kanonen zeugen von einer weniger friedlichen Vergangenheit. Das heutige Suomenlinna ist für die Hauptstädter ein beliebtes Ausflugsziel am Wochenende oder nach Feierabend. Schließlich dauert die Überfahrt vom Kauppatori nur wenige Minuten. Wer die Möglichkeit hat, nimmt sich einen ganzen Tag Zeit. Restaurants und Cafés laden dazu ein, eine Verwöhnpause einzulegen. Die Kleinbrauerei Suomenlinnan Panimo lockt mit kühlem Gerstensaft. Selbst bei wechselhaftem Wetter gibt es kurzweilige Alternativen wie das Suomenlinna-Museum, das auf den Bau und die Geschichte der Festung eingeht, und das Spielzeugmuseum, in dem nostalgische Exponate einen in die Vergangenheit reisen lassen. Das in den 1930er-Jahren gebaute finnische U-Boot Vesikko kann ebenfalls besichtigt werden. Die Kustaanmiekka-Festung sowie die Königspforte sind eindrucksvolle Bauwerke, die ihren Teil dazu beitrugen, dass Suomenlinna seit dem Jahr 1991 offiziell zum UNESCO-Weltkulturerbe zählt. Wer zum richtigen Zeitpunkt hier ist, kann die imposanten Fähren aus nächster Nähe bestaunen, wie sie sich durch die Meerenge in Richtung Stockholm oder Tallinn bewegen. Trotz all der beeindruckenden Bauwerke: Das Schönste an einem Sommertag auf Suomenlinna ist, sich seinen eigenen Felsen zu suchen, die Picknickdecke auszubreiten und einfach das Leben zu genießen.

TIPP **Wer ein Tagesticket der Helsinkier Verkehrsbetriebe (HSL) oder die Helsinki Card besitzt, fährt mit der HSL-Fähre kostenlos nach Suomenlinna.**

Suomenlinna, 00190 Helsinki
www.suomenlinna.fi/de/
ÖPNV: Tram 2, Haltestelle Kauppatori, dann HSL-Fähre oder Wasserbus der JT-Line
(www.jt-line.fi/eng/) vom Kauppatori aus

Craft-Beer-Schlaraffenland

17 Bryggeri Helsinki

In der Vergangenheit genoss Finnland nicht unbedingt den Ruf, das Heimatland exzellenter Bierbauer zu sein. Genau genommen gab es hier über viele Jahrzehnte nur eine eher beschränkte Auswahl bestenfalls mittelmäßiger Lager-Biere. Doch das hat sich zuletzt massiv geändert. Im Zuge des internationalen Craft-Beer-Trends sind auch in Finnland zahlreiche Kleinbrauereien mit innovativen Brauspezialitäten entstanden. Zu den Pionieren dieser Szene gehört Bryggeri Helsinki, 2013 gegründet.

„Bryggeri" kommt aus dem Schwedischen – in Finnland zweite Landessprache – und bedeutet nichts anderes als Brauerei. Wer Lust hat, die Biere von Bryggeri Helsinki zu kosten, sollte das Brauereirestaurant im Herzen der Stadt besuchen. In der Sofiankatu im Torikorttelit-Komplex beheimatet, könnte die Lage kaum besser sein. Warum nicht nach dem Besuch des Doms oder einem Bummel entlang des Hafenbeckens hier auf ein gepflegtes Bier vorbeischauen? Es sind aus beiden Richtungen nur wenige Schritte. Bei Bryggeri Helsinki wird eine breite Auswahl an Bieren frisch vom Fass ausgeschenkt. Dazu gibt es diverse Flaschenbiere, die auch zum Mitnehmen angeboten werden. Mit etwas Glück bietet sich die Gelegenheit, brandneu kreierte Bierkreationen aus dem Zapfhahn zu testen. Doch Bryggeri Helsinki setzt nicht nur auf exotische Experimente, sondern es gibt auch ganz klassische und jedem bekannte Biersorten wie das ausgezeichnete Bryggeri Pils oder das Weizen, das ebenfalls zu munden weiß. Wer einen frischen und tropisch-aromatischen Biergenuss bevorzugt, sollte das Citra Extra Pale Ale testen. Alle Biere der Brauerei werden auf umweltfreundliche Weise mithilfe von Biogas gebraut.

TIPP Im Sommer unbedingt einen Platz im „Biergarten" in der Sofiankatu sichern für ein Bierchen mit Domblick.

Zum Bier werden leckere Burger serviert. Aber auch am Salatbuffet kann zur Lunchzeit zu erfreulich erschwinglichen Konditionen zugegriffen werden. Gespeist wird in einem typischen Brauhausambiente neben kupfernen Braukesseln. Ein echtes Paradies für Freunde leckerer (Craft-)Biere und guten Essens.

● Bryggeri Helsinki, Sofiankatu 2, 00170 Helsinki, Tel. +358(0)1 02 35 25 00
www.bryggeri.fi/en/
● ÖPNV: Tram 2, Haltestelle Kauppatori, oder Tram 2, 4, 5, 7, 7H, Haltestelle Senaatintori

Saunaglück im Riesenrad

18 *Das SkyWheel Helsinki*

Hoch hinaus in die Lüfte und die weiße Stadt des Nordens aus der Vogelperspektive bewundern – das ist möglich im SkyWheel Helsinki. Dieses Riesenrad wird nicht nur temporär aufgebaut wie bei einem Rummel, sondern es begrüßt das ganze Jahr über alle, die aus 40 Metern Höhe auf Helsinki herunterblicken möchten.

Das am Hafenbecken gelegene SkyWheel Helsinki wurde im Sommer 2014 eröffnet. Die Gondeln drehen sich während einer Fahrt angenehm langsam und es bleibt genügend Zeit, um das Citypanorama aus luftigen Höhen zu genießen. Durch die blau getönten Scheiben hindurch zu fotografieren ist eine Herausforderung. Daher gilt hier: Am besten die Kamera nur für ein paar schnelle Schnappschüsse und Selfies herausholen und dann wegpacken. Ist es nicht auch mal eine Wohltat, einfach nur nach draußen zu schauen und den Blick über Helsinkis Zentrum schweifen zu lassen? Zu den Sehenswürdigkeiten, die vom SkyWheel aus zu erspähen sind, gehören unter anderem der weiße Dom, die Uspenski-Kathedrale, die Alte Markthalle, der Marktplatz Kauppatori sowie das unmittelbar zu Füßen des Riesenrades gelegene Allas Sea Pool. Wirklich spektakulär ist der Ausblick auf Hafenbecken, Küstenlinie und die Helsinki vorgelagerten Inseln. Alleine aufgrund dieses umfassenden Überblicks lohnt sich die Fahrt schon.

TIPP **Besitzer der Helsinki Card erhalten ermäßigten Eintritt.**

Für alle, die sich mit einer normalen Gondel nicht zufriedengeben möchten, bietet das SkyWheel Helsinki zwei außergewöhnliche Erlebnisse an. Zum einen gibt es eine VIP-Gondel mit Ledersesseln und Glasboden, in der die Flasche Champagner für prickelnde Momente hoch über der Stadt schon beim Einsteigen bereitsteht. Top-Highlight ist jedoch die weltweit erste Sauna-Gondel in einem Riesenrad. Wer sie bucht, kann zwischendurch in einem Whirlpool mit eigener Lounge und Terrasse entspannen. Buchbar ist das nicht ganz günstige SkySauna-Erlebnis für Gruppen bis zu 15 Personen – aber sind Glücksmomente zusammen mit lieben Menschen nicht letztendlich unbezahlbar?

● SkyWheel Helsinki, Katajanokanlaituri 2, 00160 Helsinki, Tel. +358(0)4 04 80 46 04
www.skywheel.fi/de/
● ÖPNV: Tram 2, Haltestelle Kauppatori, oder Tram 4, 5, Haltestelle Ritarihuone

Kleine Atempause

19 *Die Kamppi-Kapelle der Stille*

Helsinki steht nun gewiss nicht im Verdacht, eine besonders hektische Stadt zu sein. Ganz im Gegenteil: Mit ihren zahlreichen Parkanlagen und dem nahezu überall gegenwärtigen Wasser ist die finnische Hauptstadt im Vergleich zu anderen europäischen Kapitalen geradezu eine Oase der Ruhe. Für finnische Verhältnisse herrscht insbesondere im Stadtzentrum aber doch eine enorme Betriebsamkeit. Dabei im Fokus: das lebhafte Shoppingviertel Kamppi. Direkt vor dem gleichnamigen, stark frequentierten Einkaufszentrum findet sich ein Rückzugsort für alle, die sich gerne eine kleine Auszeit vom Trubel der City gönnen möchten.

Die Kamppi-Kapelle der Stille wirkt von außen betrachtet je nach Blickwinkel wie ein übergroßes Ei oder ein futuristisches Gebilde aus einer fernen Galaxie, das soeben auf dem Narinkkatori-Platz gelandet ist. Wer es wagt, diese Kapelle der etwas anderen Art durch das eingeschossige Nebengebäude zu betreten, wird mit einer unbezahlbaren Erfahrung belohnt. Auftanken, sich selbst begegnen, für ein paar Minuten die Augen schließen und einfach runterkommen – im nahezu zehn Meter hohen, mit hellem Holz verkleideten Kirchenraum lenken weder Prunk noch verschnörkelte Ornamente vom Wesentlichen ab. Das Interieur besteht lediglich aus einfachen Kirchenbänken und dem hölzernen Altar. So ist die Kamppi-Kapelle der Stille vielleicht sogar eines der anschaulichsten Beispiele dafür, weshalb Finnland mehrere Male hintereinander zum glücklichsten Land der Welt gekürt wurde. Das Glück liegt hier in den kleinen, einfachen Dingen. In den Momenten, in denen der Mensch in sich hineinfühlt und – so wie hier – die heilsame Kraft der Stille mit all seinen Sinnen genießt. Verwundert es da, dass das von den finnischen Architekten Mikko Summanen, Niko Sirola und Kimmo Lintula konzipierte und 2012 fertiggestellte Bauwerk schon vorab mit dem International Architecture Award des Chicago Athenaeum ausgezeichnet wurde?

▶ Kampin Kappeli, Simonkatu 7, Narinkkatori, 00100 Helsinki, Tel. +358(0)5 05 78 11 36
www.kampinkappeli.fi
▶ ÖPNV: Tram 1, 2, 4, 10, Haltestelle Lasipalatsi; Metro: Haltestelle Kamppi

Auf einen Glögi am Dom

 20 *Tuomaan Markkinat*

Es duftet verführerisch nach Glögi, Gebäck und Gewürzkaffee. Aus den Seitenstraßen zieht es die Menschen auf den Senatsplatz, wo vor der imposanten Kulisse des Doms hübsche Holzbüdchen aufgebaut wurden. Es ist wieder die Zeit des Jahres, in der Helsinki in ein einziges Lichtermeer verwandelt wird. Es ist Weihnachtsmarktzeit, Zeit für Tuomaan Markkinat.

Der älteste und größte Weihnachtsmarkt der Stadt – auf Deutsch übersetzt St.-Thomas-Markt – lockt Jahr für Jahr Einheimische und Gäste aus aller Welt ins Zentrum der finnischen Kapitale. Mehr als 100 Stände bieten ein vielfältiges Angebot von lokalem Kunsthandwerk über Naturkosmetik und Schmuck bis hin zu Weihnachtsartikeln und Christbaumschmuck. Natürlich lohnt sich ein Besuch des Marktes auch in kulinarischer Hinsicht. Handgefertigter Käse, Fischerzeugnisse, finnischer Senf und Marmelade sind nur einige der Köstlichkeiten, die man gerne für sich selbst und die Lieben zu Hause einpackt.

Das gastronomische Angebot vor Ort erreicht mitunter ein erstaunliches Niveau. Bei Tuomaan Markkinat präsentieren sich schließlich einige der besten und innovativsten Restaurants der Stadt, sodass es weitaus mehr Auswahl als Lebkuchen und Bratwurst gibt. Für Vegetarier und Veganer gibt es vielfältige Alternativen. Zu einem Weihnachtsmarktbesuch an einem knackig kalten Wintertag gehört natürlich auch eine wärmende Tasse Glühwein. Aufgepasst: Der Glögi, wie ihn die Finnen nennen, wird nur an Ständen mit einer entsprechenden Ausschankgenehmigung in seiner alkoholhaltigen Variante ausgeschenkt.

TIPP Noch mehr Weihnachtszauber gibt's im Viertel Torikorttelit, auf Esplanadi und Aleksanterinkatu.

Absoluter Höhepunkt für die Kleinen ist natürlich der Besuch beim Weihnachtsmann, der sich jeden Tag blicken lässt. Und dann gibt es da ja noch das herrlich nostalgische Karussell mit seinen Pferdchen und Wagen, das sich im Mittelpunkt des Platzes um seine eigene Achse dreht. Es ist nicht nur Garant für leuchtende Kinderaugen, sondern auch die Großen bekommen feuchte Augen bei so viel wunderbarem Weihnachtskitsch.

Tuomaan Markkinat, Senaatintori, 00170 Helsinki
www.tuomaanmarkkinat.fi/en/
ÖPNV: Tram 2, 4, 5, 7, Haltestelle Senaatintori

Bunte Häuser & Fine Dining

21 *Die Huvilakatu und das Restaurant ORA*

Eine der wohl bekanntesten Straßen Helsinkis ist die Huvilakatu. Nicht wenige sagen, dass es sich sogar um die schönste Straße der Stadt handelt. Fakt ist: Das Ensemble an fröhlich-bunten Häusern, das das Herz eines jeden Jugendstilliebhabers höherschlagen lassen wird, ist in dieser Form einzigartig in der finnischen Hauptstadt.

Begrenzt wird die Huvilakatu im Norden von der Tehtaankatu, im Süden stößt sie auf die Merikatu. Damit erreichen die Bewohner der Straße im Nu die weitläufige Parkanlage Meripuisto. Die Uferpromenade bietet sich für ausgedehntes Joggen und Spaziergänge an. Einfach MEER-Lebensqualität!

In Finnland hat übrigens eine beliebte Seifenoper zur Popularität der Huvilakatu beigetragen. So werden in der Straße regelmäßig Außenaufnahmen für die TV-Serie „Salatut elämät" gemacht. Man kann die Leute vom Fernsehen gut verstehen, dass sie ausgerechnet diesen Straßenzug für ihre Zwecke ausgewählt haben. Mit ihren kunstvoll gestalteten Erkern, Giebeln und Türmchen bietet sich die Huvilakatu geradezu an, um als Kulisse für Geschichten rund um die Reichen und Schönen zu dienen. Ganz arm dürften die realen Bewohner hier auch nicht sein. Schließlich haben sie ihr Zuhause im gefragten Viertel Ullanlinna, dem südlichsten Bezirk der Kernstadt Helsinkis. Nahe am Wasser, nahe an der City – eine Wohnlage, die den Menschen jeden Tag ein Lächeln auf die Lippen zaubern dürfte.

Und als ob das noch nicht genügen würde, findet sich in der Huvilakatu auch noch ein exzellentes Restaurant. Sternekoch Sasu Laukkonen und sein Team servieren im ORA vorzügliche 10-Gänge-Menüs, die aus saisonalen, in der Region angebauten Zutaten zubereitet werden. Wer also nicht nur bunte Häuser gucken, sondern auch richtig exklusiv speisen möchte, der sollte im ORA einen Tisch reservieren. Die Reservierung im Voraus ist unbedingt zu empfehlen, denn das Restaurant besitzt lediglich 23 Sitzplätze. Hyvää ruokahalua – guten Appetit!

Restaurant ORA, Huvilakatu 28, 00150 Helsinki, Tel. +358(0)4 00 95 94 40
www.orarestaurant.fi
ÖPNV: Tram 1, 3, Haltestelle Eiran sairaala

48

Auf Sibelius' Spuren

22 *Café, Bar & Restaurant Kappeli*

Mit seinen prächtigen Säulen und seiner Jugendstil-Fassade strahlt das Kappeli wahrlich hauptstädtischen Glanz aus, wie er im eher bodenständigen und bescheidenen Helsinki sonst nicht an jeder Ecke zu finden ist. Am östlichen Ende des Boulevards Esplanadi gelegen, fügt sich das Gebäude jedoch nahtlos in seine Umgebung ein. Das Kappeli ist eine echte Institution in Helsinki-City, ein Genussort mit langer Tradition. Bis ins Jahr 1867 zurück reicht die Geschichte. Schon in den frühen Jahren seines Bestehens zählte das Kappeli zu den beliebtesten Sommerlokalen der Stadtbevölkerung. Auf der eigens errichteten Bühne wurde Musik gespielt, während die Gäste sich kühle Biere schmecken ließen. Später waren es einige der bekanntesten Künstler und Dichter des Landes, die zu Stammgästen wurden, darunter der Poet Eino Leino und der Komponist Jean Sibelius. Einer Erzählung zufolge saßen die beiden einmal zusammen mit weiteren illustren Persönlichkeiten wie Gallen-Kallela und Järnefelt im Kappeli beisammen, tranken und philosophierten. Schließlich musste Sibelius die Runde verlassen, weil er einen Termin in Stockholm hatte. Ein paar Tage später kehrte er von seiner Reise wieder zurück und marschierte schnurstracks zurück ins Kappeli, wo dieselbe Gruppe noch immer beieinandersaß. Einer der Freunde wurde ein wenig ärgerlich und rief Sibelius zu: „Jetzt hör mal zu, Jean, entweder du bleibst jetzt drinnen oder draußen, aber hör auf, ständig rein und raus zu gehen." Was genau an der Legende dran ist, wissen wir nicht. Doch fest steht: Im Kappeli kann man sich ohne Probleme auch länger als eine Tassenlänge Kaffee wohlfühlen. Durch die großen Fensterfronten bleiben die Besucher stets auf dem Laufenden darüber, was vor dem Café passiert. Wer noch näher dran sein möchte am Geschehen im Esplanadi-Park, der nimmt auf der großen Terrasse Platz. Diese ist je nach Wetter bis in den Herbst hinein geöffnet. Die gehobene Küche serviert beispielsweise spezielle Menüs zu Ehren von Leino und Sibelius.

TIPP Noch heute besteht die Möglichkeit, an Eino Leinos einstigem Tisch zu speisen.

> Kappeli, Eteläesplanadi 1, 00130 Helsinki, Tel. +358(0)1 07 66 38 80
> www.raflaamo.fi/en/helsinki/kappeli
> ÖPNV: Tram 2, Haltestelle Kauppatori

Mit dem Boot zum Zoo

23 *Korkeasaari*

Ein Zoobesuch ist immer eine gute Idee, um während eines Städtetrips ein paar unbeschwerte Stunden jenseits des typischen Sightseeings zu verbringen. Ob als verliebtes Pärchen, Familie mit Kindern oder alleinreisende Person mit einem Faible für Flora und Fauna, ein Ausflug nach Korkeasaari dürfte allen in guter Erinnerung bleiben. Finnlands ältester und größter Zoo wird Jahr für Jahr von über einer halben Million Besucher aufgesucht und zählt damit zu den beliebtesten Touristenattraktionen der Kapitale. Mehr als 150 verschiedene Tierarten und über 1000 Pflanzenarten sind auf dem Gelände zu besichtigen, wobei die Bandbreite von den Königen der heimischen Wälder – allen voran Rentier, Bär und Wolf – bis hin zu Kängurus und Löwen reicht. Positiv im Sinne des Tierwohls: Auf manch exotische Lebewesen wie Giraffen und Flusspferde wurde im Korkeasaari Zoo bewusst verzichtet, weil man möchte, dass die großen Tiere sich auch in der kalten Jahreszeit im Freien bewegen können. Aber ist es nicht ohnehin viel authentischer, Waldrentiere und Vielfraße zu beobachten, wenn man schon einmal in Finnland ist? Auf tropische Vögel, Schlangen, Papageien und Affen muss hingegen niemand verzichten. Sie haben eine Heimat in den beiden Tropenhäusern des Zoos gefunden, die dementsprechend angenehm warm temperiert sind.

Aber was ist es nun eigentlich, das den Zoobesuch in Helsinki so einzigartig macht? Es ist ohne Zweifel die außergewöhnliche Lage des Zoos auf einer 23 Hektar großen, nahezu kreisrunden Insel. Obwohl diese über eine Brücke mit dem Nachbareiland Mustikkamaa und von dort mit dem Festland verbunden ist, empfiehlt sich unbedingt die Anreise mit dem Boot. Vom Kauppatori aus dauert die Fährüberfahrt etwa 20 Minuten, während dieser kurzweiligen Zeit gleiten zahllose attraktive Fotomotive an einem vorbei. Auf Korkeasaari selbst lässt sich mühelos ein ganzer Tag verbringen. Es gibt ein Café-Restaurant und mehrere Grillplätze, sodass sich jeder auf seine Weise stärken kann für weitere Abenteuer.

● Korkeasaaren eläintarha, Mustikkamaanpolku 12, 00270 Helsinki
www.korkeasaari.fi
▶ ÖPNV: Boot vom Kauppatori (Marktplatz) oder Hakaniemi, alternativ Bus 16

Insel mit Geschichte

24 *Vallisaari*

Zwischen den Inseln Suomenlinna und Santahamina, einer Militärbasis der finnischen Streitkräfte, liegt Vallisaari. Jahrzehntelang war auch dieses Eiland militärisches Sperrgebiet. Erst 2016 wurde es nebst der Nachbarinsel Kuninkaansaari der Öffentlichkeit zugänglich gemacht. Beide bieten eine einzigartige Mixtur aus ursprünglicher Natur und spannender Geschichte. Mit dem Wasserbus der JT-Line geht es in etwa 20 Minuten vom Kauppatori nach Vallisaari. Alternativ ist im Hochsommer eine Abfahrt vom Anleger in Hakaniemi möglich.

Vallisaari hatte dank seiner Teiche schon in früheren Zeiten eine wichtige Bedeutung für Segler, die sich hier mit frischem Wasser versorgten. Später nutzten die Russen die Insel, um Festungsanlagen zu errichten, die im Krieg gegen Schweden eine wichtige Rolle spielten. Nach der Unabhängigkeit Finnlands im Jahr 1917 diente Vallisaari der finnischen Armee als Lagerstätte für Waffen aller Art, von Torpedos bis Minen.

Diese Epoche gehört der Vergangenheit an. Dennoch werden die Ausflügler dazu angehalten, aus Sicherheitsgründen auf den ausgeschilderten Wegen zu bleiben. Wer ihnen folgt, wird mit einem entspannten Gefühl zu einer Vielzahl eindrucksvoller Fotomotive geleitet. Dabei hat man die Wahl zwischen einem drei Kilometer langen Spaziergang und einem 2,5 Kilometer langen Rundweg. Am Wegesrand informieren ansprechend gestaltete Hinweistafeln über die bewegte Geschichte der Insel. Von dieser zeugt auch die nach Zar Alexander benannte Festungsanlage. Bei so vielen militärischen Monumenten verwundert es dann doch, dass es bis ins Jahr 1996 eine zivile Wohnbevölkerung auf Vallisaari gab, die in eher ländlich geprägten, einfachen Verhältnissen lebte.

Neben dem Ausblick auf die berühmte Nachbarinsel Suomenlinna gehört ein Abstecher nach Kuninkaansaari dazu. Auf der „Königsinsel", die ihren Namen dem schwedischen König Gustav III. verdankt, finden sich neben ehemals russischen Bunkern ein Sandstrand und ein Zeltplatz.

Vallisaari, 00860 Helsinki

ÖPNV: Tram 2, Haltestelle Kauppatori, dann Wasserbus der JT-Line (www.jt-line.fi/eng/)

Auf ins Kultkaufhaus!

25 Stockmann

Eingerahmt von den Straßen Aleksanterinkatu, Mannerheimintie, Keskuskatu und Pohjoisesplanadi begrüßt das größte Warenhaus Finnlands seine Besucher. Wo London das Harrods hat und Berlin das KaDeWe, ist Stockmann das Helsinkier Pendant. Und das seit 1930 bestehende, mittlerweile achtstöckige Kaufhaus muss sich hinter den berühmten Namen nicht verstecken – ist es doch direkt nach ihnen heute das drittgrößte Warenhaus Europas. In den nordischen Ländern kann da sonst niemand mithalten.

Das Stockmann Helsinki ist jedoch weit mehr als nur ein Ort, an dem Shoppingbegeisterte sich mit teuren Parfüms und Markenkleidung aus aller Welt eindecken können. Es ist ein Wahrzeichen der Stadt und gehört zu den bekanntesten Häusern des gesamten Landes. Sein majestätisches Hauptgebäude fällt jedem Besucher sofort auf. Jedes Kind kennt „Stocka", wie das Kaufhaus von den Finnen liebevoll genannt wird. Schon immer verstanden es die Macher, ihrer Zeit ein wenig voraus zu sein. So konnten Helsinkis Bürger im Jahr 1950 die allerersten Fernsehausstrahlungen Finnlands in den Schaufenstern von Stockmann bestaunen.

TIPP *Das Restaurant im obersten Stockwerk bietet einen tollen Blick in das Atrium!*

Stockmann lebt aber nicht nur vom einstigen Ruhm. Im Jahr 1986 wurde das Argos-Gebäude, das mit seinem Ecktürmchen ein wahres Schmuckstück und beliebtes Fotomotiv darstellt, komplett umgebaut und ins Kaufhaus integriert. Mehr als 50.000 Quadratmeter Verkaufsfläche laden zum Bummeln ein. Es heißt, was es bei Stockmann nicht gibt, das findest du nirgends. Wer also auf der Suche nach einem besonderen Reisesouvenir ist, sollte Finnlands Einkaufstempel einen Besuch abstatten. Warum eigentlich der Name Stockmann? Firmengründer Georg Franz Heinrich Stockmann war ein Deutscher aus der Nähe von Lübeck, der 1852 nach Finnland kam. Ob ihn die Suche nach dem Glück in den hohen Norden trieb, ist nicht überliefert. Jedoch sollte er durch seine Gründung Millionen von Finnen noch viele Jahrzehnte später Glücksgefühle bescheren.

○ **Stockmann Helsinki, Aleksanterinkatu 52, 00100 Helsinki, Tel. +358(0)9 12 11**
www.stockmann.com
○ **ÖPNV: Tram 1, 2, 3, 4, 6, 10, Haltestelle Ylioppilastalo**

Tradition seit 1891

26 *Das Fazer Café in der Kluuvikatu*

Im Jahr 1891 eröffnete Karl Fazer in der Kluuvikatu mitten im Herzen der finnischen Hauptstadt eine von französischen und russischen Einflüssen geprägte Konditorei, die sich aufgrund der angebotenen Leckereien in Windeseile zu einem beliebten Treffpunkt der Stadtbevölkerung entwickelte. Ein solcher Ort der Begegnung ist das Café bis heute geblieben, obwohl oder vielleicht gerade weil es immer am Puls der Zeit geblieben ist und ein Gespür für aktuelle Trends hatte, ohne seine historischen Wurzeln zu verleugnen.

In der 130-jährigen Geschichte des Cafés haben sich hier schon mehrere Generationen verführen und verwöhnen lassen. Obwohl es mittlerweile 13 Fazer Cafés in Helsinki und anderen finnischen Städten gibt, umgibt das Stammhaus immer noch ein besonderer Zauber. Wer eintritt, wird begrüßt vom unnachahmlichen Duft frisch gebackenen Gebäcks. Handgemachte Kuchen und Brötchen scheinen den Besucher förmlich anzulächeln und darum zu bitten, gekostet zu werden.

Neben süßen Sünden werden salzige Speisen serviert. Eine ausgezeichnete Idee ist es, im Fazer Café den Tag mit einem gemütlichen Frühstück zu beginnen. Bei einer vielfältigen Auswahl an Kaffee, Tee und Kakao findet sich für jeden Geschmack der passende Muntermacher am Morgen. Ebenfalls eine gute Wahl: der Mittagstisch im Fazer Café, wenn beispielsweise köstliche Suppen und leckere Salate auf den Tisch kommen. Am Wochenende erfreut sich der Brunch großer Beliebtheit.

Und wenn alle satt und zufrieden sind, kann noch ein bisschen dabei zugesehen werden, wie hinter der Theke frische Torten und Gebäck vor den Augen der Gäste zubereitet werden. Wie schön es doch wäre, jetzt noch ein paar der Delikatessen für den späteren Verzehr mitnehmen zu können … Der ins Café integrierte Laden macht es möglich. Da ist es wenig erstaunlich, dass kaum jemand ohne ein persönliches „Glückspaket" mit Schoki, Süßigkeiten oder frisch gebackenem Brot aus der Tür geht.

▶ Fazer Café, Kluuvikatu 3, 00100 Helsinki, Tel. +358(0)2 07 29 67 02
www.fazer.fi/fazer-cafe/kavilat/karl-fazer-cafe/
▶ ÖPNV: Tram 2, 4, 5, 7, Haltestelle Aleksanterinkatu

Die Sommerterrasse der Stadt

27 *Das Café Ursula*

Wer Helsinki besucht, sollte auch einen Abstecher zum Café Ursula machen. Ein solcher lässt sich wunderbar einschieben während eines Spaziergangs entlang der Küstenlinie vom Kauppatori in Richtung Eiran ranta. Mit seinem charakteristischen weißen Sonnensegel, das als Überdachung der Sitzplätze im Außenbereich fungiert, ist das Café Ursula nicht zu verfehlen.

Das Café hat eine lange Tradition. 1952 gegründet, lief es einst praktisch ohne Konkurrenz. Zwar gibt es heute einige weitere Lokalitäten direkt am Wasser, seine Einzigartigkeit hat das Café Ursula dennoch nicht verloren. Es gilt nicht nur als inoffizielle Sommerterrasse der Stadt, sondern auch als „Wohnzimmer" des Parks Kaivopuisto, der in unmittelbarer Nachbarschaft mit seinen Grünflächen und sanften Hügeln zum Entspannen und zu fantastischen Ausblicken einlädt. Schöne Aussichten bietet das Café ebenfalls. Egal ob man nun draußen oder drinnen Platz nimmt, das Meer ist zum Greifen nahe und durch die großen Fensterfronten praktisch von überallher prima zu sehen.

Im Café Ursula gibt es nicht nur leckeren Kaffee und Tee. Auf der Speisekarte findet sich eine ansprechende Mischung süßer und salziger Speisen für den kleinen und etwas größeren Hunger. Neben Frühstück und Brunch wird von Montag bis Freitag in der Zeit von 11 bis 14.30 Uhr ein reichhaltiger Lunch serviert – inklusive Salat, warmer Mahlzeit, Brot und Kaffee oder Tee. Am Wochenende lohnt es sich, zur Mittagszeit auf eine traditionelle Lachssuppe vorbeizuschauen.

Bio-Produkte aus lokaler Erzeugung sind die bevorzugte Wahl, wenn es um Zutaten für die Küche des Café Ursula geht. Doch an diesem Punkt hört es noch nicht auf. Wer hier speist, verwöhnt nicht nur seine Geschmacksknospen, sondern tut gleichzeitig Gutes. Denn das Café spendet seinen Gewinn an karitative Einrichtungen. Das hat eine lange Tradition und wird bis heute so beibehalten. Schmeckt es mit diesem Wissen nicht gleich noch ein bisschen besser?

Café Ursula, Ehrenströmintie 3, 00140 Helsinki, Tel. +358(0)9 65 28 17
www.ursula.fi
ÖPNV: Tram 2, 3 bis Haltestelle Olympiaterminaali, von dort ca. 12 Minuten Fußweg

High-Class-Entertainment

28 *Eishockey und Events in der Hartwall Arena*

Als die Hartwall Arena im Jahr 1997 feierlich eröffnet wurde, blickten Eishockeyfans in ganz Europa voller Anerkennung und vermutlich auch ein bisschen Neid gen Norden. Die nagelneue Heimspielstätte des finnischen Top-Teams Jokerit Helsinki bot mehr als 13.000 Zuschauern Platz und modernste Annehmlichkeiten – nicht vergleichbar mit manch einer zugigen Eishalle, wie sie anderswo zu dieser Zeit noch gang und gäbe war. Standesgemäß eingeweiht wurde die Multifunktionshalle im Stadtteil Pasila, nur wenige Schritte vom dortigen Bahnhof entfernt, mit der Eishockey-Weltmeisterschaft der Herren noch im Jahr der Eröffnung.

In den Folgejahren war die Hartwall Arena, bis 2014 der finnischen Schreibweise folgend offiziell als „Hartwall Areena" bezeichnet, Schauplatz unzähliger spannender Eishockey-Matches. Besonders heiß brannte das Eis, wenn die Hausherren Jokerit in der SM-Liiga dem Lokalrivalen IFK Helsinki gegenüberstanden. Auf diese traditionsreichen Derbys müssen die Fans seit der Saison 2014/15 verzichten, denn damals wagte Jokerit als erster finnischer Verein einen großen Schritt. Der sechsmalige Meister verabschiedete sich aus der heimischen Liga und tritt seither in der russisch dominierten Kontinental Hockey League an. Die Gegner heißen heute also nicht mehr IFK Helsinki oder TPS Turku, sondern Spartak Moskau und SKA Sankt Petersburg. Der Stimmung in der Halle tut dies gar keinen großen Abbruch. Denn bei Jokerit in der Hartwall Arena wird das Gesamterlebnis Eishockey in jedem Match gefeiert. Das Showprogramm rundherum ist gigantisch und stellt alles in den Schatten, was in Finnland sonst bei diesem Sport geboten wird. Einige der VIP-Skyboxes verfügen gar über eine eigene Sauna.

Ein ganz besonderes Erlebnis ist ein Eishockey-Länderspiel Finnlands in der Halle, idealerweise gegen einen der Erzrivalen Schweden oder Russland. Doch nicht nur Sportwettkämpfe finden in der Hartwall Arena statt. Zahlreiche weltbekannte Bands und Musiker standen hier schon auf der Bühne.

▶ **Hartwall Arena, Areenankuja 1, 00240 Helsinki**
https://hartwall-arena.fi/en
▶ **ÖPNV: z. B. Regionalzüge A, E, I, K, P, Haltestelle Pasila, von dort aus ca. 12 Minuten Fußweg**

Genussmomente am Meer

 Das Café Torpanranta

Reizende Cafés sind in Helsinkis Innenstadtbereich wahrlich an jeder Ecke zu finden. Dennoch ist es eine ausgezeichnete Idee, einfach mal am Lasipalatsi in die Tram 4 zu steigen und bis zur Endhaltestelle durchzufahren. Die nur zwölfminütige Fahrt führt einen durch Stadtteile wie Töölö und Meilahti. Wer also mit wachen Augen in der Tram sitzt, bekommt gleich noch eine kleine Stadtrundfahrt inklusive durch Viertel, die der gewöhnliche Tourist sonst wohl kaum zu Gesicht bekommen würde. Schließlich geht es über eine kleine Bucht, kurze Zeit später ist das Ziel erreicht. Wir befinden uns im Stadtteil Munkkiniemi, ganz im Westen Helsinkis.

Rund um die Haltestelle wird sogleich deutlich, dass es sich hier um ein besseres Wohnquartier handelt. In den ansehnlichen Häusern haben sich wohlhabende Hauptstädter niedergelassen, die ein Leben nahe der Natur bevorzugen. Touristen sind hier eher eine Randerscheinung. So weiß auch das Café Torpanranta, das nur wenige Schritte von der Tramhaltestelle entfernt liegt, mit seiner Authentizität zu punkten. Hinzu kommt die fantastische Lage. In nördlicher Richtung lädt die Promenade Munkkiniemenranta zum Spazieren ein, direkt nebenan gibt es eine Badestelle. Im Café speist man mit herrlicher Aussicht auf die Bucht Laajalahti und blickt über den Ostseearm hinüber zur Nachbarstadt Espoo. Wenn es warm ist, sollte man alles daransetzen, einen Platz auf der Sonnenterrasse zu ergattern. Die Plätze sind heiß begehrt, doch bestimmt steht gleich irgendwo jemand auf und gibt einen Tisch frei.

TIPP Ein Hochgenuss sind die selbst zusammengestellten Salate!

Die Speisekarte des Cafés bietet alles, was man für entspannten Genuss benötigt. Neben Kaffee, Tee und Säften können die Besucher auch mit ausgewählten Craft-Bier-Spezialitäten die durstige Kehle erfreuen. Es gibt Kuchen, Snacks und einen täglich wechselnden Mittagstisch (Lounas). In den Abendstunden wartet möglicherweise einer der schönsten Sonnenuntergänge der Stadt. Es lohnt sich also, den Besuch entsprechend zu planen.

○ Café Torpanranta, Munkkiniemenranta 2, 00330 Helsinki, Tel. +358(0)9 48 42 50
www.torpanranta.fi
○ ÖPNV: Tram 4, Haltestelle Saunalahdentie

 64

Wasserspaß für Jung & Alt

30 Der Serena Waterpark in Espoo

Ein Regentag in Helsinki ist kein Grund, um auf Spaß und Glücksmomente zu verzichten. Wer Lust hat auf ein wenig tropische Wärme und gerne im Wasser planscht, sollte sich aufmachen zum Serena Waterpark. Skandinaviens größter Indoor-Wasserpark liegt im Norden von Helsinkis Nachbarstadt Espoo. Am unkompliziertesten gestaltet sich die Anreise mit dem eigenen Pkw oder Mietwagen. Wer Umsteigen und einen kurzen Spaziergang nicht scheut, kommt aber auch mit öffentlichen Verkehrsmitteln selbst bis in diese abgelegene Ecke.

Zu den Füßen des ebenfalls zur Anlage gehörenden Ski-Resorts erstreckt sich, umgeben von dichten Wäldern, ein Freizeitparadies für Wasserratten und alle, die kurzweilige Action lieben. In einer riesigen Halle finden sich Attraktionen für die ganze Familie, vom farbenfroh gestalteten Kid's Land mit kleinen Rutschen und Wasserspielen für die Minis über das große Wellenbad bis hin zum 159 Meter langen Strömungskanal. Neben einer 80 Meter und einer 120 Meter langen Wasserrutsche lockt die komplett abgedunkelte „Black Hole" Adrenalinjunkies an. Wer den absoluten Thrill erleben möchte, stürzt sich die 50 Meter lange Trichterrutsche „Tornado" hinab und landet in einem zwei Meter tiefen Becken. Diejenigen, die ihr Glück bei weniger wagemutigen Aktivitäten finden, sind in der Sauna richtig. Anschließend darf in einem der Whirlpools umrahmt von wohligem Blubbern entspannt werden.

TIPP Wer eines der nebenan gelegenen Serena Cottages bucht, erhält mit der gesamten Gruppe freien Eintritt in den Wasserpark!

Wer glaubt, das wäre schon alles, was das Serena zu bieten hat, der wird im Außenbereich eines Besseren belehrt. Dieses nur während der Sommermonate geöffnete Areal bietet einen großen Kinderbereich und einen Main Pool. Wer auf der Suche nach dem Kick ist, stürzt sich in nahezu freiem Fall den „Free Fall"-Slide hinab oder testet gemeinsam mit einem mutigen Begleiter die „Half Pipe" aus. Ausgestattet mit einem Reifen geht es einen 161 Meter langen künstlichen Flusslauf hinunter. What a ride!

⊙ Serena Waterpark, Tornimäentie 10, 02970 Espoo, Tel. +358(0)2 05 01 03 00
www.serena.fi/en/
⊙ ÖPNV: Bus 236, Haltestelle Serena, von dort ca. 14 Minuten Fußweg

Nachhaltig schlemmen

31 *Das Cafe Carusel*

Das Cafe Carusel ist aus Helsinkis Gastroszene schon lange nicht mehr wegzudenken. Schon im Jahr 1996 eröffnet, gehörte es zu den Pionieren in Sachen Genusstreffpunkte am Wasser. Mit seiner runden Architektur ist das weiß gestrichene „Haus am Meer" ein Eyecatcher. Ebenso stimmig sind die inneren Werte. Denn der Familienbetrieb betont stolz seine grüne DNA. Bei bloßen Worten bleibt es dabei nicht. So befinden sich auf dem Dach des Cafés 110 Solarpaneele, die genauso viel Energie liefern wie eine Million Tassen Kaffee. Auf diese Weise werden immerhin 15 bis 20 Prozent des gesamten Energiebedarfs abgedeckt. Zudem wird eigene Energie aus Windkraft gewonnen, zum Heizen Meeresenergie benutzt und großer Wert auf Recycling gelegt.

Auch bei der Auswahl der Zutaten hat das Team des Cafe Carusel klare Prinzipien. So wird ein Großteil der Lebensmittel bei lokalen Betrieben eingekauft, es werden ausschließlich Bio-Eier verarbeitet und in einem eigenen Bio-Garten in Helsinki werden eigene Kräuter und Gemüse angebaut. So können sich die Besucher des Cafés manchmal an Gebäck mit frischem Rhabarber oder superleckerem Kirscheis aus selbst gepflückten Kirschen laben.

Generell gilt bei der Speisekarte der Grundsatz „Klasse statt Masse". Alle Pizzen sind auch als vegane Variante erhältlich, es werden verschiedene Salate angeboten. Oder soll es eine klassische cremige Lachssuppe mit Malzbrot sein? Fruchtige Säfte, Smoothies und Shots liefern neue Energie für müde Städtereisende. Im Cafe Carusel wird nicht nur ein gesundes Frühstück angeboten, sondern auch ein wechselnder Mittagstisch („Lounas"). Am besten schmeckt es draußen auf der Sonnenterrasse, direkt am Wasser. Kein Wunder, dass das Café ein beliebter Treffpunkt für Jung und Alt ist. Hier wirkt alles rundum stimmig und ausbalanciert und so kann sich der Besucher mit einem guten Gefühl dem Müßiggang hingeben und seine Geschmacksknospen verwöhnen lassen.

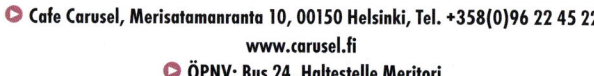

◗ Cafe Carusel, Merisatamanranta 10, 00150 Helsinki, Tel. +358(0)96 22 45 22
www.carusel.fi
◗ ÖPNV: Bus 24, Haltestelle Meritori

Ländliche Idylle

 32 *Haltialan maatila und Wanha Pehtoori*

Wie wohl ein typischer finnischer Bauernhof aussehen mag? Wer Helsinki besucht, muss nicht erst aufs Land hinausfahren, um eine Antwort auf diese Frage zu erhalten. Im Norden des Stadtgebiets, am nördlichen Ende des Stadtwalds Keskuspuisto, begrüßt das Haltialan maatila in wunderschöner Lage am Fluss Vantaanjoki seine Gäste. Ländliche Idylle in Perfektion!

Das weitläufige Anwesen im Besitz der Stadt Helsinki ist mit seinen rot gestrichenen Holzhäusern ein beliebtes Ausflugsziel. Familien mit Kindern kommen hier ganz besonders auf ihre Kosten. Es gibt nicht nur einen tollen, gepflegten Spielplatz, sondern auch allerlei Tiere können aus nächster Nähe bewundert werden. Ganzjährig wohnen 200 Schafe auf dem Hof, die von Frühjahr bis Herbst auf den Weiden grasen. Drei verschiedene Rinderarten, Hühner und Ziegen sind ebenfalls auf Haltialan maatila zu Hause. Gefeierte Sommergäste sind Polizeipferde und süße Schweinchen. Wer zur Blütezeit der Sonnenblumen kommt, darf sich an der goldgelben Blumenpracht auf den Feldern rund um den Bauernhof erfreuen. Auf mehr als 200 Hektar werden zudem Getreide wie Hafer, Weizen und Roggen angebaut.

Nach beflügelnden Momenten mit den Tieren mag bei dem einen oder anderen Besucher der Magen knurren. Wie praktisch, dass es nur wenige Schritte sind bis zum gemütlichen Café und Restaurant Wanha Pehtoori, zu dessen Angebot in den warmen Monaten eine spezielle „Sommerküche" zählt. Im Winter wird ein separates Menü präsentiert, zu dem deftige Köstlichkeiten wie Burger, Fish & Chips, Ravioli oder Würstchen mit Senf des Hauses zählen. Oder soll es eine traditionelle Lachssuppe nach Interpretation des Küchenchefs sein? Bei nur leichtem Appetit kann man es sich mit einem Kaffee und einem „Korvapuusti", der finnischen Variante der Zimtschnecke, gut gehen lassen. Wer sich hinter dem Bauernhof ans Ufer des Vantaanjoki setzt, kann vielleicht sogar ein paar Kajakfahrer entdecken, die auf dem gemächlich fließenden Gewässer entlangpaddeln.

● Haltialan maatila, Laamannintie 17, 00690 Helsinki, Tel. +358(0)9 79 47 26
www.wanhapehtoori.org
● ÖPNV: Bus 614, 615, Haltestelle Koetilankatu, von dort ca. 12 Minuten Fußweg

Home of Rock and Metal

33 Die Bar „The Riff"

Jussi Heikki Tapio Vuori ist eine der schillerndsten Figuren der finnischen Gothic- und Metalszene. Besser bekannt unter seinem Künstlernamen Jussi 69, tourt er als Schlagzeuger der international erfolgreichen Band „The 69 Eyes" seit gut drei Jahrzehnten um den Globus und hat schon in manch einer Location gespielt. Wenn also einer weiß, was eine gute Rock'n'Roll-Bar ausmacht, dann doch wohl Jussi! Das dachte sich der Musiker auch und so erfüllte er sich mit dem „The Riff" den lang gehegten Traum einer eigenen Bar.

Das „The Riff" sollte natürlich nicht irgendeine austauschbare Kneipe werden, sondern ein komfortables Wohnzimmer für alle, deren Herz für Rockmusik und Heavy Metal schlägt. Mit seinen Partnern Veikka Moilanen und Oskari Kovalainen, die in der Gastroszene Helsinkis keine Unbekannten sind, legte er besonders großen Wert auf die Auswahl eines hochwertigen Musik- und Soundsystems. Wer ins „The Riff" kommt, der möchte hier selbstverständlich auch harte, aber herzliche Gitarrenmusik hören und das in einer ordentlichen Klangqualität. Wie es sich für einen Metal-Treffpunkt gehört, dominiert im Interieur die Farbe Schwarz. Die Gäste können auf klassischen Barhockern oder in gemütlichen Lounge-Ecken Platz nehmen. An den Wänden finden sich diverse Devotionalien aus dem Fundus des Mitbetreibers, von Gitarren bis hin zu Fotografien und Postern der 69 Eyes und anderer Gruppen. In lauen Sommernächten können Gäste auch auf der Veranda der Bar Platz nehmen und unter freiem Himmel ihre Drinks genießen, während sie das Treiben auf der „Iso Roba", der Vergnügungsmeile des Viertels Punavuori, beobachten.

Das „The Riff" ist ideal, um hier bei einem Lonkero – dem finnischen Longdrink-Klassiker, bestehend aus Gin und Grapefruitlimonade – oder einem exzellenten Cocktail in die Nacht zu starten. Die Konzertlocation Tavastia befindet sich in Laufweite. Bei der Auswahl an großartigen Craft-Bieren kann es allerdings auch passieren, dass der Aufenthalt im „The Riff" etwas länger wird als geplant …

⊙ The Riff, Iso Roobertinkatu 3, 00120 Helsinki, Tel. +358(0)4 01 58 36 03
www.theriff.fi
⊙ ÖPNV: Tram 10, Haltestelle Kolmikulma

Malerische Schäreninsel

34 *Katajanokanluoto*

Das Schöne an Helsinki ist, dass es im wahrsten Sinne des Wortes eine „Stadt am Meer" ist. Doch der Blick gleitet hier nicht nur hinaus auf eine endlos erscheinende Wasserfläche, sondern der Hauptstadt vorgelagert finden sich zahlreiche kleine und größere Inseln, die Schären genannt werden. Eine der kleinsten davon ist Katajanokanluoto.

Nur 95 Meter lang und 65 Meter breit ist das Eiland, das in privatem Besitz ist und lange Zeit für die Öffentlichkeit nicht zugänglich war. Erst seit dem Sommer 2020 sind alle Besucher hier herzlich willkommen. Sie werden mit dem Privatboot am Marktplatz (Kauppatori) abgeholt. Der Transferservice mit der M/S Julia wird zur Sommerzeit angeboten, Tickets und Fahrpläne finden sich auf der offiziellen Website der Insel. Nur etwa zehn Minuten dauert die Überfahrt, bei der das Boot quer durchs Hafenbecken gleitet. Dann wird am Anleger von Katajanokanluoto festgemacht und die spärlich bewachsene, felsige Insel mit ihrem rauen Charme kann auf eigene Faust erkundet werden.

Wo früher Lotsen saßen, können sich jetzt Touristen leckere Pizza aus dem Steinofen und ein kühles Getränk oder einen Kaffee bestellen und aus den Fenstern das Geschehen auf dem Wasser beobachten. Im Außenbereich gibt es eine Sonnenterrasse, die an sommerlichen Tagen zum Verweilen einlädt. Auf der Insel locken weitere Bänke, die zum Beispiel einen herrlichen Blick auf die Festungsinsel Suomenlinna bieten. Wenn es warm ist, sollten die Schwimmsachen mit ins Gepäck.

Ein wunderschönes Fotomotiv ist das niedliche, in den Farben Rot und Gelb angestrichene Hauptgebäude, neben dem die finnische Flagge weht. Das ehemalige Lotsengebäude wurde schon im Jahr 1876 errichtet und ist das einzige derartige Bauwerk aus diesem Jahrhundert in Helsinki, das bis heute erhalten geblieben ist. Die Insel wird auf nachhaltige Weise bewirtschaftet und ist komplett autark. Strom liefert die Sonne. Unter internationalen Gästen gilt Katajanokanluoto noch als echter Geheimtipp!

Katajanokanluoto, Helsinki
www.katajanokanluoto.fi
ÖPNV: Tram 2, Haltestelle Kauppatori, dann Transfer mit dem privaten Boot vom Kauppatori aus (Abfahrt nahe der Alten Markthalle)

Mehr als nur Adrenalin

Der Vergnügungspark Linnanmäki

Etwas außerhalb der City liegt Linnanmäki, dessen wörtliche Übersetzung „Burghügel" ist. Eine Burg lässt sich hier zwar nicht finden, dafür aber Finnlands mit Abstand größter Vergnügungspark, der sogar die meisten Fahrgeschäfte in den nordischen Ländern beheimatet. Für mitteleuropäische Verhältnisse ist das Angebot überschaubar. Dennoch ist „Lintsi", wie die Finnen den Park nennen, nicht nur für Einheimische ein Ort des Glücks und der Ausgelassenheit.

Schon der Eingangsbereich wird für staunende Blicke sorgen. Es scheint, als wäre hier die Zeit stehen geblieben. Die putzigen Gebäude versprühen den Charme einer längst vergangenen Zeit. Und genau dieser „Old-school"-Vibe ist es, der sich durch den ganzen Park zieht und seinen besonderen Reiz ausmacht. Gibt es ein größeres Vergnügen, als an einer der nostalgisch wirkenden Imbissbuden etwas zum Naschen zu holen? Bei insgesamt etwa 40 Fahrgeschäften ist für jeden etwas dabei. Adrenalinjunkies sollten die 1951 erbaute Holzachterbahn austesten, bei der es zunächst in luftige Höhen geht, ehe man in rasantem Tempo hinabsaust.

TIPP *Gleich nebenan befindet sich SEA LIFE Helsinki. Es werden Ticket-Bundles angeboten!*

Freefall-Tower, Wasserbahn und einige weitere Rides sorgen ebenfalls für Glücksgefühle bei allen, die den Nervenkitzel lieben. Natürlich gibt es auch für die ganz Kleinen altersgerechte Karussells und Attraktionen. Wer einen Überblick über Linnanmäki und die finnische Hauptstadt erhalten möchte, steigt mit dem Aussichtsturm „Panoraama" 53 Meter nach oben oder unternimmt eine Rundfahrt mit dem – übrigens in Deutschland gebauten – hydraulisch betriebenen Parkbähnchen.

Das Besondere an Linnanmäki ist, dass der Eintritt grundsätzlich kostenlos ist. Bis zu acht Attraktionen dürfen gratis genutzt werden – eine schöne Sache, denn so können auch weniger betuchte Menschen sich einen unbeschwerten Tag gönnen. Wer mehr erleben will, kauft sich einfach ein Armband seiner Wahl und unterstützt damit das Kinderhilfswerk Lasten Päivän Säätiö, das den Park betreibt.

⊙ Linnanmäki, Tivolikuja 1, 00510 Helsinki, Tel. +358(0)1 05 72 22 00
www.linnanmaki.fi/en/
⊙ ÖPNV: Tram 3, Haltestelle Linnanmäki pohj., oder Tram 1 und 8, Haltestelle Linnanmäki etelä

Villen im Naturparadies

36 *Die Insel Vartiosaari*

Zu den eher unbekannten Perlen der finnischen Hauptstadt zählt die Insel Vartiosaari. Verteilt auf etwa 82 Hektar, stellt das Eiland im Osten des Stadtgebiets ein wahres Naturparadies dar. Hier kommt niemand zufällig vorbei. Hier fährt man ganz gezielt hin, um die Ruhe und Abgeschiedenheit zu genießen.

Zur Anreise bieten sich verschiedene Varianten an. Wer Lust auf einen entspannten Bootsausflug hat, verlässt die Metro an der Haltestelle Hakaniemi und schippert von dort aus entlang der Küste gen Osten, bis er 50 Minuten später am Anleger von Vartiosaari ankommt. Alternativ dazu wird in den Sommermonaten eine private Bootsverbindung von Laajasalo aus angeboten.

Vartiosaari im Sommer ist ein Bilderbuchparadies. Auf einem Trail lässt sich die wundervolle Natur erkunden. Nicht wundern, wenn einem plötzlich Schafe begegnen, denn diese helfen auf ganz natürliche Weise bei der Landschaftspflege. Im Kontrast zur ursprünglichen und nahezu ungebremst sprießenden Vegetation stehen die herrschaftlichen Villen, die sich mit ihrer Holzbauweise dennoch harmonisch in den sie umgebenden Wald einfügen. Etwa 50 dieser Villen, die teils im Privatbesitz sind und teils verschiedenen Organisationen gehören, stehen auf der Insel. Sie alle sind historische Baudenkmäler, denn seit den 1950er-Jahren wurde hier nichts mehr neu gebaut. Die ersten Villen entstanden schon gegen Ende des 18. Jahrhunderts, als die Städter aus der City hinaus ins Schärengebiet strömten, um sich dort Sommerresidenzen zu errichten. Die heutige Nutzung der Gebäude ist vielfältig. So tummeln sich hier Künstler, Ingenieure und Theaterleute. Aber auch Wohnsitzlosen wird die Gelegenheit geboten, hier ein paar unbeschwerte Stunden zu verbringen.

Höhepunkt der Sommerzeit ist der alljährliche Vartiosaaripäivä (Vartiosaari-Tag) mit Kaffee und Kuchen, Tanz und Gesang, Sauna und Badefass, Grillmöglichkeiten und noch vielem mehr. Selbstverständlich besteht während des Festes die Möglichkeit, einen Blick ins Innere der Villen zu werfen.

• •

⊙ **Vartiosaari, 00830 Helsinki**
www.vartiosaari.fi
⊙ **ÖPNV: Metro M1, M2 bis Haltestelle Hakaniemi, vom dortigen Anleger mit dem Boot von Suomen Saaristokuljetus Oy nach Vartiosaari**

Legendärer Liveclub

 37 *Tavastia*

Das Tavastia ist eine absolute Institution im Nachtleben Helsinkis. Eine Rockszene ohne diesen Namen ist nahezu unvorstellbar, hat der seit dem Jahr 1970 in denselben Räumlichkeiten bestehende Liveclub doch ganze Generationen geprägt und unzählige Bands groß gemacht. Auf den Brettern des Tavastia standen im Laufe der Jahre legendäre finnische Formationen wie HIM, Nightwish, Apocalyptica und The Rasmus. Wer hier einen Gig ergattert, hatte und hat beste Chancen, es auch auf internationale Bühnen zu schaffen. Denn weiter als bis ins Tavastia geht es in Finnland kaum. Ein Ritterschlag für Rockbands und andere Künstler. Und selbst für die ganz Großen ist es eine Ehre, in dem 700 Menschen fassenden Club zu spielen.

Seit 1993 hat das Tavastia einen „kleinen Bruder" im Keller desselben Gebäudes. Das Semifinal ist mit einem Fassungsvermögen von bis zu 150 Personen ein kleinerer Club, der Newcomern als Sprungbrett dient. Wer unten die Fans begeistert und für ein volles Haus sorgt, für den kann es ganz schnell eine Etage höher gehen. So spielte die damals noch gänzlich unbekannte Band HIM ihren ersten Gig in dieser Adresse tatsächlich im Keller. Der Legende nach versprach der damalige Bassist und spätere Leadsänger Ville Valo Tavastia-Manager Juhani Merimaa, dass er eines Tages oben ein ausverkauftes Konzert spielen würde. Es dauerte nicht lange, bis den Worten Taten folgten – der Rest ist finnische Musikgeschichte.

TIPP Vor oder nach dem Gig lockt direkt nebenan die Gourmetküche des Restaurant Ilves.

Da die Veranstaltungen im Tavastia schnell ausverkauft sind, empfiehlt es sich, schon rechtzeitig vor dem Helsinki-Aufenthalt das Programm zu studieren und sich online Tickets für den gewünschten Gig zu sichern. Wem rhythmische Gitarrenmusik Glücksgefühle beschert, der kann diese nach dem Konzert noch etwas verlängern. An Samstagen ist die sogenannte „Lauantaidisko", bei der DJs die besten Indie-, Pop- und Rocksongs spielen, für Konzertbesucher bereits im Eintrittspreis inklusive. Die ausgelassene Party geht bis in die frühen Morgenstunden …

🔴 **Tavastia-klubi, Urho Kekkosen katu 4–6, 00100 Helsinki, Tel. +358(0)9 77 46 74 20**
www.tavastiaklubi.fi/en_GB/
🔴 **ÖPNV: Metro M1, M2, Haltestelle Kamppi**

Traktoren-Nostalgie

 Das Restaurant Zetor

Das im unmittelbaren Zentrum Helsinkis gelegene Restaurant Zetor ist ein Ort, an dem sich mitunter die Geister scheiden. Handelt es sich dabei um eine gar zu klischeebeladene Anlaufstelle für Touristen, in der das Spiel mit diversen Stereotypen maßlos übertrieben wird? Oder ist das Lokal ein Herzstück der Helsinkier Gastronomie, das seinen Gästen nicht nur leckere Speisen serviert, sondern auch einen Einblick in die finnische Seele gewährt? Eines ist Fakt: Mit Klischees wird im Zetor definitiv gespielt. Ebenso steht aber fest, dass die Speisekarte sich wirklich sehen lassen kann und ein Eintauchen in das alles andere als alltägliche Ambiente eine echte Bereicherung für den weit gereisten Besucher darstellt.

Gestaltet wurde das Interieur des Zetor mit seinen an mehreren Stellen platzierten Traktoren und den urigen Holzelementen von keinem Geringeren als Sakke Järvenpää, bekannt als Mitglied der legendären Leningrad Cowboys. Er gehörte zu den Mitbegründern, als das Restaurant Ende 1991 seine Türen erstmals öffnete. Seitdem hat es sich als feste Größe in der Gastroszene der Hauptstadt etabliert. Wer aus dem modernen Helsinki hier eintritt, wähnt sich schnell auf einer Zeitreise ins ländliche Finnland der 1950er-Jahre. Und das ist exakt so gewollt. Im Hintergrund laufen melancholische finnische Evergreens, die Speisekarte – auch auf Deutsch – wurde wie eine historische Zeitung gestaltet.

TIPP Jedes Jahr im Frühling findet im Zetor eine Indoor-Meisterschaft im Goldwaschen statt!

Beim Besuch des stillen Örtchens dürfen zahlreiche alte Zeitungsausschnitte bestaunt werden. Wer Lust auf einen typisch finnischen Klassiker hat, bestellt eine Lachssuppe, dazu weiß das von einer Kleinbrauerei hergestellte „Zetor"-Bier zu munden. Als Nachtisch ein „Mustikkakukko" mit Vanilleeis. Welch eine himmlische Verwöhnpause! Gut gestärkt und mit einem Gefühl der Zufriedenheit kann anschließend Helsinki-City weiter erkundet werden. Oder der Zauber des Zetor lässt einen nicht mehr los und der angebrochene Abend dehnt sich bis in die frühen Morgenstunden aus …

🔵 Ravintola Zetor, Mannerheimintie 3–5, 00100 Helsinki, Tel. +358(0)1 07 66 44 50
www.raflaamo.fi/en/helsinki/zetor
🔵 ÖPNV: Tram 1, 3, 6, 10, Haltestelle Ylioppilastalo

Schwimmen, Sauna, Sundowner

39 *Allas Sea Pool*

Gäbe es das Allas Sea Pool nicht bereits, müsste es glatt erfunden werden. Ein urbanes Spa, das weitaus mehr ist als nur ein Wellnesstempel. Ein Saunakomplex mit mehreren Schwimmbecken, dazu ein vielfältiges gastronomisches Angebot und regelmäßig Veranstaltungen mit bekannten Künstlern. Das alles – und noch einiges mehr – bietet dieser wundervolle Glücksort direkt am Hafenbecken, mitten im Herzen Helsinkis.

Seit 2016 ist der Wohlfühl-Komplex ganzjährig geöffnet für alle, die sich eine Ruhepause gönnen und sich mal so richtig verwöhnen lassen möchten. Auf geht es also ins urfinnische Saunavergnügen. Dabei gilt: Ob nackt oder mit einem Handtuch bedeckt, entscheidet jeder für sich selbst. Hauptsache, alle fühlen sich gut dabei. Ordentlich aufgewärmt bietet sich selbst im Winter ein Bad im Meerwasser-Pool an. Das Wasser hierfür kommt im Übrigen nicht aus dem benachbarten Hafenbecken, sondern wird in einem aufwändigen Verfahren extra hierher gepumpt von einer weiter entfernten Stelle. Wer nicht ganz so wagemutig ist, trifft mit dem 25 Meter langen beheizten Pool die richtige Wahl. Dieser wird das ganze Jahr über mithilfe von Biogas und Holzpellets auf angenehme 27 Grad Celsius erwärmt. Zudem gibt es noch einen Kinderpool, der jedoch nur zur Sommerzeit geöffnet ist.

Schwimmkurse, Workouts und Yoga-Sessions gehören zum zusätzlichen Angebot des Allas Sea Pool. Wie wäre es zum Beispiel mal mit einer Runde Saunayoga, um tiefenentspannt in den neuen Tag zu starten? Anschließend wartet ein leckeres Frühstück im Allas Café. Gerade in den Sommermonaten laden Terrasse und Sonnendeck des Allas Sea Pool zu entspannten Stunden ein. Einfach nur dasitzen, an einem kühlen Drink nippen und die Boote beim Ein- und Auslaufen beobachten. Bei einem Sundowner auf dem Deck des Allas Sea Pool fühlt sich die Welt für einen Moment lang wie ein perfekter und harmonischer Ort an – und das ist sie hier auch in diesem Augenblick. Also zurücklehnen und genießen!

Allas Sea Pool, Katajanokanlaituri 2a, 00160 Helsinki, Tel. +358(0)4 05 65 65 82
www.allasseapool.fi/en/
ÖPNV: Tram 2, Haltestelle Kauppatori, oder Tram 4, 5, Haltestelle Ritarihuone

Postkartenmotive garantiert

 40 *Auf dem Turm des Olympiastadions*

Das Olympiastadion von Helsinki gilt als nationales Heiligtum des finnischen Sports. Schon von Weitem sichtbar ist der markante weiße Turm des 36.200 Zuschauer fassenden Stadions, das im Jahr 1938 eröffnet und 1952 als Bühne der Olympischen Sommerspiele genutzt wurde. Seit August 2020 erstrahlt die legendäre Arena, die zuvor doch ziemlich in die Jahre gekommen war, in neuem Glanz.

Wer aus Richtung Innenstadt zum Olympiastadion pilgert, kommt an der Statue von Paavo Nurmi vorbei. Der Langstreckenläufer und neunmalige Olympiasieger ist in Finnland ein Nationalheld. Zwar liegen seine Erfolge als aktiver Sportler weiter zurück, bei der Heimolympiade 1952 wurde ihm jedoch zumindest die Ehre zuteil, das olympische Feuer ins Stadion zu tragen. Während Nurmi 1973 verstarb, diente das Olympiastadion in der Folgezeit mehrmals als Bühne für Leichtathletik-Weltmeisterschaften und -Europameisterschaften. Die finnische Fußballnationalmannschaft trägt ihre Heimspiele bis heute hauptsächlich hier aus. Außerdem begeisterten Weltstars wie die Rolling Stones, Michael Jackson, U2 oder Tina Turner ihre Fans im Olympiastadion Helsinki. Es gibt wohl kaum einen international bekannten Künstler, der hier noch nicht aufgetreten wäre und für fröhliche Gesichter gesorgt hätte!

Im Rahmen der umfangreichsten Renovierung seiner Geschichte wurde das Stadion von 2015 bis 2020 fit für die Zukunft gemacht. Es erhielt ein Dach und moderne Sitze, wobei die denkmalgeschützte historische Grundstruktur beibehalten wurde. So ist das Olympiastadion in Zeiten gesichtsloser „Plastik"-Arenen eine Spielstätte mit eigenem Charakter und Seele geblieben. Wer es besucht, sollte unbedingt mit dem Aufzug auf den Turm des Stadions hinauffahren. Von hier aus bietet sich nicht nur ein Blick auf Spielfeld und Tribünen, sondern ein traumhaftes Panorama über die gesamte Innenstadt Helsinkis bis hinüber zum Dom und den vorgelagerten Inseln.

◉ **Olympiastadion Helsinki, Paavo Nurmen tie 1, 00250 Helsinki, Tel. +358(0)5 05 18 95 51**
www.stadion.fi/en
◉ **ÖPNV: Tram 2, 3, 4, 10, Haltestelle Töölön halli, oder Tram 1, 2, 4, 5, 8, 10, Haltestelle Ooppera**

Holzhäuser zum Verlieben

41 *Puu-Vallila*

Zwischen den Straßen Suvannontie und Roineentie im Westen, Päijänteentie im Süden, Mäkelänkatu, Lohjantie und Inarintie im Osten und Sturenkatu im Nordwesten erstreckt sich das historische Holzhausviertel Puu-Vallila („Holz-Vallila"). Dieses zählt heutzutage zu den begehrtesten Wohnquartieren der finnischen Hauptstadt, ist es doch nur einen Steinwurf von der City entfernt und dennoch eine ganz eigene, idyllische Welt für sich. Wer hier durch die Straßen spaziert und sich am Anblick der schnuckeligen, in vielen bunten Farben leuchtenden Holzhäuser erfreut, wird sich kaum vorstellen können, dass eben dieses Idyll noch vor wenigen Jahrzehnten vor dem Aus stand.

Doch erzählen wir die Geschichte Puu-Vallilas von vorne. Zu Beginn des 20. Jahrhunderts war Wohnungsnot ein großes Thema in Helsinki. Um das Angebot an bezahlbarem Wohnraum zu erhöhen, bildete die Stadt ein Komitee und mietete die benötigten Grundstücke an der Peripherie der Innenstadt günstig an. Mit der Planung des Viertels wurde Architekt Karl Hård af Segerstad beauftragt, der sich an Vorbildern in Schweden und Deutschland orientierte und ein Arbeiterviertel im Gewand einer Gartenstadt erschuf. Trotz einheitlichem Gesamterscheinungsbild weisen die Häuser individuelle Details auf, sodass sich genaueres Hinsehen lohnt. Wie so oft, wenn etwas besonders gut gemeint ist, wurde aus Puu-Vallila in den Folgejahren leider doch nicht das kleine Paradies, das sich die Stadtplaner erhofft hatten. Es ging schrittweise bergab mit der Gegend und viele der Häuser waren in den 1970er-Jahren in einem baufälligen Zustand. So wurde gar ein Abriss in Erwägung gezogen. Doch die Bewohner setzten sich dagegen erfolgreich zur Wehr. Puu-Vallila wurde offiziell zu einem geschützten Viertel erklärt und umfangreich saniert. Was für ein Glück! Auf diese Weise blieb eines der letzten Gebiete, das für das ursprüngliche Holzhaus-Milieu Helsinkis steht, erhalten und es zeigt sich heute attraktiver als vermutlich jemals zuvor.

....

Puu-Vallila, 00510 Helsinki
ÖPNV: Tram 1, 7, Haltestelle Vallilan kirjasto

Kreatives Epizentrum

42 *Das einstige Arbeiterviertel Kallio*

Mit Vergleichen ist es immer so eine Sache. Wem tut man damit Unrecht? Wo hinkt der Vergleich? Insofern soll darauf verzichtet werden, Kallio als das „Kreuzberg" oder gar „St. Pauli" Helsinkis zu bezeichnen. Nachdem die Namen nun doch gefallen sind: Zumindest gewisse Parallelen sind vorhanden, wobei der Stadtteil nordöstlich der Innenstadt lange Zeit als Arbeiterviertel einen eher zweifelhaften Ruf genoss. Mittlerweile ist es hip, nach Kallio zu ziehen, und das Quartier hat sich zu einem bunten und lebendigen Szenekiez entwickelt, der viel Raum für Kreativität gibt.

Wer Kallio erkunden will, tut dies am besten zu Fuß. Raus aus der Metro an der Station Hakaniemi, Rolltreppe hoch und rein ins Getümmel! Es warten trendige Boutiquen, vielfältige Restaurants sowie innovative Cafés und Bars. Wer vegetarische oder vegane Speisen bevorzugt, kommt ebenso auf seine Kosten wie Freunde von Burgern, Pizza und Street Food aus aller Welt. Wohl nirgendwo sonst in Helsinki ist das gastronomische Angebot so international wie in Kallio.

Secondhand-Läden und Boutiquen für Vintagemode laden zum Shopping ein. Musikliebhaber dürften in den Plattenläden des Viertels Gänsehautmomente beim Entdecken rarer Vinylschätze erleben. Und natürlich ist ein Besuch in einer traditionellen Sauna Pflicht. Die 1929 eröffnete Arlan Sauna etwa ist ein wahrer Kultort und ideal, um in die original finnische Saunakultur hineinzuschnuppern.

Man könnte Bücher füllen mit allem, das Kallio zu bieten hat. Neben Ausflügen in die Gastroszene, die alternativen Läden und die Sauna bietet sich ein Spaziergang entlang der Bucht Eläintarhanlahti an, wo auch das von Wasser umgebene Restaurant Meripaviljonki zu finden ist. Über das ganze Viertel wacht die aus massivem Granit erbaute, fast von überallher sichtbare Kirche von Kallio, die man sich auch aus der Nähe anschauen sollte. Zum Abschluss bietet sich ein Besuch der Markthalle Hakaniemi am Marktplatz an, von wo es wiederum nur wenige Schritte zurück zur Metrostation sind.

● Kallio, 00530 Helsinki
● ÖPNV: Metro M1, M2, Haltestelle Hakaniemi

Tervetuloa

Avoinna
Ma-pe 10-17
la 10-15

Strahlendes Wahrzeichen

43 *Nachts am weißen Dom*

Der weiße Dom ist das Wahrzeichen Helsinkis, das alle anderen Sehenswürdigkeiten überstrahlt. Ein Bild von ihm findet sich auf dem Cover eines jeden Reiseführers. Keine Stadtrundfahrt kommt ohne einen Abstecher hierher aus. Und wer mit dem Schiff von Schweden aus ankommt, sieht seine Kuppeln schon aus der Ferne leuchten. Helsinkiliebe, das bedeutet für viele auch Domliebe. Ein echter Herzens- und Sehnsuchtsort, an den man immer wieder gerne zurückkehrt.

Helsinkis Dom macht am Tage eine hervorragende Figur. Besonders dann, wenn seine weißen Säulen und Wände mit dem stahlblauen Himmel um die Wette strahlen. Wer in der Dunkelheit wiederkommt, wird mit einem nicht minder begeisternden Anblick verwöhnt. Wenn die meisten Touristen längst ihrer Wege gegangen sind, werden Senatsplatz und Domtreppen gar zu einem Ort der Stille, der zum Innehalten einlädt. Von zahlreichen Scheinwerfern angestrahlt steht das gewaltige Bauwerk an seinem Platz, als wollte es sagen: Egal, was in der Welt da draußen geschehen mag, ich bleibe hier, als Konstante und verlässlicher Fels in der Brandung.

Seit 1852 steht der monumentale, im Innenraum dafür umso schlichtere Kirchenbau schon auf seinem steinernen Podest. Im Laufe der Jahre hat sich nur sein Name ein paar Mal geändert. Anfangs sollte mit dem von Carl Ludwig Engel entworfenen Kirchenbau dem russischen Zaren Nikolaus I. gehuldigt werden. Nach der Unabhängigkeit Finnlands im Jahr 1917 erfolgte die Unbenennung in „Suurkirkko" (Großkirche). Seit 1959 trägt der Dom von Helsinki seinen heutigen Namen.

Obgleich es schwerfällt, der strahlenden Domkirche den Rücken zuzukehren, lohnt es sich, genau das zu tun, nachdem die Stufen bis hinauf vor den Haupteingang erklommen wurden. Der unten liegende Senatsplatz mit dem Alexander-II.-Denkmal im Zentrum, die umliegenden, im klassizistischen Stil errichteten Gebäude und das Lichtermeer der nächtlichen Hauptstadt sorgen ebenso für wohlige Gänsehaut.

....

○ Helsingin tuomiokirkko, Unioninkatu 29, 00170 Helsinki
○ ÖPNV: Tram 2, 4, 5, 7, Haltestelle Senaatintori

Blick übers Schärenmeer

44 *Der Park Kaivopuisto*

In der südöstlichen Ecke der Halbinsel, auf der Helsinkis Zentrum liegt, befindet sich der vermutlich bekannteste Park der Stadt, der gleichzeitig auch zu den ältesten Anlagen gehört. Auf 46 Hektar bieten die gepflegten Grünflächen ganz viel Platz für Erholung vom Alltag. Kaum vorstellbar, dass das Gebiet vor ein paar hundert Jahren noch von Sümpfen und Urwald bedeckt war. Diese wichen einem Kurbad für die damalige High Society. Im gleichen Atemzug wurden Parkanlagen angelegt, in der die feine Gesellschaft flanieren und entspannen konnte. Dieser Park lag damals noch vor den Toren der Stadt. Heute ist der Kaivopuisto umgeben vom gleichnamigen Villenviertel, in dem die Botschaften von Ländern wie Spanien, Frankreich, Großbritannien, der Schweiz und der USA zu finden sind. Auch das Mannerheim-Museum, das Finnlands berühmtem Feldmarschall und späteren Staatspräsidenten Carl Gustaf Mannerheim gewidmet ist, erreicht man vom Park aus in wenigen Minuten zu Fuß. Beginnen wir unsere Erkundungstour durch den Park im Norden, wo wir an der Haltestelle Kaivopuisto aus der Tram 3 steigen, rechts kurz die hübsche Kirche Pyhän Henrikin katedraali bewundern und dann über den Iso Puistotie geradewegs in den Park hineinlaufen. Ebenfalls auf der rechten Seite passieren wir das Kaivohuone. Das heute als Nachtclub genutzte ehrwürdige Gebäude ist das letzte Überbleibsel des einstigen Kurbades, das ansonsten im Zweiten Weltkrieg zerstört wurde.

Hinter dem Kaivohuone sind wir dann auch schon mittendrin im Grünen. Auf den weitläufigen Wiesen kommen jedes Jahr am 1. Mai feierfreudige Finninnen und Finnen zusammen, um „Vappu" zu zelebrieren, wie der Maifeiertag von den Einheimischen genannt wird. Es wird gepicknickt, gelacht und in mitunter feucht-fröhlicher Stimmung der nahende Sommer begrüßt.

Doch zurück zu unserem Rundgang. Wir biegen rechts ab, jetzt geht es etwas bergauf, bis wir die Sternwarte erreichen. Von den Felsen nebenan genießen wir den fantastischen Ausblick über das Schärenmeer vor Helsinki. Atemberaubend!

· ·

◉ Kaivopuisto, 00140 Helsinki
◉ ÖPNV: Tram 3, Haltestelle Kaivopuisto

Im Shopping-Eldorado

45 *Die Mall of Tripla*

Direkt am komplett modernisierten Bahnhof Pasila öffnete 2019 das größte Shoppingcenter der nordischen Länder seine Pforten. Dieses Einkaufszentrum ist der perfekte Ort, um selbst an grauen Tagen oder bei Regen Glücksmomente in Finnlands Hauptstadt zu erleben. Die Anreise aus der Innenstadt ist einfach und bequem, denn sämtliche am Hauptbahnhof startenden Regionalzüge halten in Pasila, einem der wichtigsten Eisenbahnknotenpunkte des Landes. Ohne einen Fuß ins Freie setzen zu müssen, gelangt man im Nu vom Zug mitten in den Shopping-Tempel, der sich über insgesamt sechs Ebenen erstreckt.

Die Vielfalt, welche die Mall of Tripla ihren Besuchern unter einem Dach bietet, ist beeindruckend. Mehr als 60 Cafés und Restaurants locken mit Köstlichkeiten für jeden Geschmack und Geldbeutel – von Fast Food bis hin zu gehobener Gastronomie. Im Food Market im untersten Stockwerk sind nicht nur große Supermärkte zu finden, sondern man kann sich auch an den Ständen lokaler Anbieter nach Herzenslust mit Bio-Produkten und lokalen Erzeugnissen eindecken. Auf den weiteren Ebenen findet

TIPP Das Musikmuseum Fame ist über das dritte Stockwerk der Mall erreichbar.

sich ein bunter Mix an Geschäften. Von Newcomer-Brands über die Stores renommierter finnischer Marken wie Marimekko und Iittala bis hin zu internationalen Fashion-Schwergewichten ist alles vertreten, was das Herz Shoppingbegeisterter höherschlagen lässt. Insgesamt sind es 250 verschiedene Shops, die die Mall of Tripla zu dem machen, was sie ist.

„Little Manhattan" wird das vierte Stockwerk genannt, auf dem sich auch der Bahnhof befindet. Hier wurden darüber hinaus weitere kulinarische Angebote platziert und Flächen für Kultur und Events geschaffen. Fitnessstudio und Kino begrüßen interessierte Besucher eine Etage höher. Das ganze Jahr über Sommer ist auf Level P6. Hier sind zum Beispiel Beach-Volleyball und Indoor-Surfing im tiefsten Winter möglich. Klingt verrückt und ein bisschen nach Dubai? Die Mall of Tripla weiß alle, die die schönen Dinge lieben, immer wieder zu überraschen.

Mall of Tripla, Fredikanterassi 1, 00520 Helsinki
https://malloftripla.fi/en
ÖPNV: z. B. Regionalzüge A, E, I, K, L, P, R, Haltestelle Pasila

Wo alles begann

 46 *Vanhankaupunginkoski*

Wo liegt eigentlich Helsinkis Ursprung und hat die finnische Hauptstadt überhaupt so etwas wie eine Altstadt? Diese Frage werden sich einige zu Recht stellen. Die Antwort lautet: ja und nein. Um der Sache auf den Grund zu gehen, machen wir einen Ausflug zu den Stromschnellen von Vanhankaupunginkoski. Diese liegen erstaunlich weit weg von der heutigen Innenstadt, und zwar dort, wo der Fluss Vantaanjoki kurz darauf in die Ostseebucht Vanhankaupunginlahti mündet. Eine typische „Altstadt", wie man es etwa von mittelalterlichen Städten in Deutschland kennt, gibt es hier nicht. Und doch liegen genau an diesem Ort die Wurzeln Helsinkis. Einst hörten die Stromschnellen auf den Namen Helsinge fors, wovon sich Helsingfors ableitete. So nennen die schwedischsprachigen Bewohner noch heute die finnische Hauptstadt. Am 12. Juni 1550 gründete König Gustav I. Wasa die Stadt Helsinki an dieser Stelle. Auf der zwischen den Stromschnellen gelegenen Insel Kuninkaankartanonsaari wurde eine Art Gutshof errichtet. Aus verschiedenen Gründen schritt die Entwicklung der jungen Stadt nicht wie erhofft voran. Unter anderem sorgten ständig wiederkehrende Überflutungen dafür, dass das Zentrum schon im Jahr 1640 an seinen heutigen Ort verlegt wurde. Dies sollte sich als weise Entscheidung herausstellen. Vanhakaupunki verfiel größtenteils und von den ursprünglichen Häusern ist so gut wie nichts übrig geblieben. Zu den letzten Resten zählt das Steinfundament der ersten Kirche Helsinkis.

TIPP Im Restaurant Koskenranta direkt an den Stromschnellen lassen sich besondere Verwöhnmomente genießen.

Heute ist Vanhankaupunginkoski ein beliebtes Naherholungsgebiet. Die sechs Höhenmeter hinab zur See stürzenden, 200 Meter breiten Stromschnellen sind bekannt für ihren Fischreichtum. Das Naturschutzgebiet Vanhankaupunginlahti ist das größte der Stadt und ein Paradies für alle, die sich der Vogelbeobachtung widmen möchten. Von den Beobachtungstürmen aus wurden schon 285 verschiedene Vogelarten erspäht. Wer sich für Technik interessiert, besucht das auf der Insel Kuninkaankartanonsaari befindliche Tekniikan museo.

● Vanhankaupunginkoski, Hämeentie 163, 00560 Helsinki
● ÖPNV: Bus 71, 78, Haltestelle Tekniikan museo

Die grüne Lunge der Stadt

 Auf Erkundungstour durch den Keskuspuisto

Die Bezeichnung Keskuspuisto – auf Englisch Central Park – ist fast schon ein wenig irreführend, schaut man sich die Dimensionen der größten grünen Lunge Helsinkis und deren Vegetation an. Wer hier akkurat gepflegte Blumenbeete und frisch gemähten Rasen erwartet, wird sich verwundert die Augen reiben. Denn der Keskuspuisto ist in Wirklichkeit eher so etwas wie ein Stadtwald, der sich knapp zehn Kilometer lang von Süden nach Norden erstreckt. Vom zentrumsnahen Laakso geht es bis hinauf nach Haltiala im Norden von Helsinki und an den Fluss Vantaanjoki. Unglaublich, was für ein riesiger und dichter Wald sich tatsächlich auf dem Gebiet einer Hauptstadt befindet. Eine wahre Wildnis! Wo sonst in Europa wäre etwas Vergleichbares überhaupt vorstellbar?

Wer genügend Zeit mitbringt und gut zu Fuß ist, kann den Keskuspuisto zu Fuß erkunden. Hierzu bieten sich verschiedene Routen an, etwa die ungefähr 4,6 Kilometer lange „Haltialan reitti". Diese startet am Haltialan tila, einem wunderschönen Bauernhof am Flussufer, und führt zur Hütte Pitkäkosken ulkoilumaja. Etwas kürzer ist der Naturpfad Maunulan luontopolku, der mitten durch die ursprüngliche Natur führt. Für eine Verschnaufpause bietet sich eine Rast am Maunulan ulkoilumaja an. Leicht zu erreichen vom Zentrum aus ist der Rundweg Laakson kierros, der durch einen dichten Nadelwald führt, in dem unter anderem Flughörnchen zu Hause sind. Der einfach zu bewältigende, 2,5 Kilometer lange Weg führt zudem an Pferdekoppeln vorbei.

Um etwas schneller von Ort zu Ort zu kommen und sich einen ganzheitlichen Eindruck zu verschaffen, bietet es sich an, ein Fahrrad zu leihen. Damit lässt sich auch die Umgebung des Stadtwaldes fix erkunden. Wer auf schnuckelige bunte Holzhäuschen steht, dessen Herz wird zum Beispiel in der Viidenrajantie höherschlagen. Gleich mehrere Naturschutzgebiete finden sich im Norden des Keskuspuisto, der mit seinen vielfältigen Facetten immer wieder aufs Neue überrascht.

· ·

Keskuspuisto, 00630 Helsinki
ÖPNV: z. B. Bus 66K, Haltestelle Paloheinän jäähalli, von dort ca. 5 Minuten Fußweg nach Norden

Zeit für Entschleunigung

 48 *Die Inseln Uunisaari und Liuskasaari*

Zahlreiche Inseln liegen vor Helsinki und buhlen um die Gunst der Besucher. Ein besonderes Kleinod ist das Eiland Uunisaari. Schon vom Festland aus gut zu erkennen ist der rote Backsteinbau, in dem sich ein Restaurant befindet. Außerordentlich stimmungsvoll ist dessen Anblick in der Dunkelheit, wenn es von Scheinwerfern dezent angestrahlt wird. Der „Uunisaari"-Schriftzug auf dem Gebäude verrät zweifelsfrei, dass wir hier richtig sind.

Doch wie nun auf das Inselchen gelangen? Im Winter gibt es einen Steg, in der Sommerzeit einen Bootstransfer, der ein kleines Alltagsabenteuer für sich ist. Von 8 Uhr morgens bis 23 Uhr am Abend kann man sich mit dem Boot abholen lassen. Denn das „Seetaxi" fährt nicht automatisch hin und her, sondern lediglich bei Bedarf. Durch die Betätigung eines optischen Signals wird der Kapitän informiert, dass jemand auf ihn wartet. Kurze Zeit später ist das Bötchen da und wiederum einige Minuten darauf betritt man den Boden von Uunisaari.

Die felsige Insel ist nicht groß – und hat doch unglaublich viele schöne Ecken zu bieten. Da wäre das bereits erwähnte Restaurant mit Außenbereich, das gerne auch für Feierlichkeiten genutzt wird und über eine Sauna verfügt. Da wäre der Strand der Insel, an dem die Kleinen im Sand buddeln und die Großen sich am Blick hinüber auf die Stadt erfreuen können. Und da wären natürlich die schroffen Felsen, die geradezu prädestiniert dafür erscheinen, um dort romantische Momente zu verbringen oder auch für sich selbst die Draußen-Zeit und die Aussicht aufs Meer zu genießen. Über eine Brücke erreicht man von der nördlichen Uunisaari den südlichen, durch einen Kanal abgetrennten Teil der Insel. Von dort aus gibt es über weitere Brücken und Stege eine Verbindung zur langgezogenen Nachbarinsel Liuskasaari, wo das Team des während der Segelsaison geöffneten Restaurants Skiffer schon darauf wartet, seine Gäste mit frischen Salaten und knusprigen Pizzen zu verwöhnen. Ein Boot zurück zum Festland legt fast direkt am Lokal ab.

TIPP Im Restaurant Skiffer unbedingt die Spezialität „Liuska" bestellen!

Uunisaari, 00140 Helsinki
www.uunisaari.fi, www.skiffer.fi
ÖPNV: Bus 24, Haltestelle Merikatu, im Sommer Bootstransfer vom Kompassitori aus, im Winter über einen Steg erreichbar

Place to be

 Das Einkaufszentrum Kamppi

Wenn die Hauptstädter Lust auf einen gepflegten Einkaufsbummel in der City haben, ist die Wahrscheinlichkeit groß, dass sie sich auf den Weg zum Kamppi Shopping Centre machen. Das nur wenige Minuten von Hauptbahnhof und Esplanadi entfernte Einkaufszentrum beherbergt 150 Läden, Cafés und Restaurants unter einem Dach.

Wer von außerhalb kommt, ist mit der Metro im Nu im Untergeschoss des Komplexes, wo sich im Übrigen auch der Fernbusbahnhof befindet, aus dem die Busse in alle Himmelsrichtungen starten und wieder dort ankommen. Aus der Stadt ist das Einkaufszentrum Kamppi bequem zu Fuß erreichbar, was sich bei gutem Wetter auch anbietet. So nähert man sich über den Vorplatz Narinkkatori dem Gebäude, kann auf der Linken die Kamppi-Kapelle der Stille bewundern und möglicherweise kurz hineinschauen. Der Narinkkatori hat sich zu einem stark frequentierten Treffpunkt der Helsinkier gemausert. In der Adventszeit lässt sich von hier das weihnachtlich geschmückte Einkaufsparadies bewundern.

Dieses erstreckt sich über mehrere Ebenen, die durch Rolltreppen miteinander verbunden sind. Hier bekommt man so gut wie alles, was das Herz begehrt. Zum Angebot gehören Modeläden mit einem breiten Spektrum an Bekleidung ebenso wie Brand Stores internationaler Marken wie BOSS und Tommy Hilfiger und finnischer Favoriten wie Marimekko. Auf der Suche nach Kinderspielzeug und Büchern wird man genauso fündig. Mehrere Supermärkte und Kioske stellen sicher, dass im Kamppi Shopping Centre sogar der Lebensmitteleinkauf erledigt werden kann. Ob Pizza, Tapas, Sandwiches oder Smoothies, die gastronomische Landschaft des Zentrums weiß durch ihre große Bandbreite zu überzeugen. Nach dem Einkaufsbummel gemütlich einen Kaffee genießen kann man zum Beispiel im Espresso House, im Robert's Coffee Kamppi oder im Fazer Café. Wer ein kühles Bier bevorzugt, ist im Panimoravintola Bruuveri richtig. Das ausgeschenkte Craft-Bier wird direkt hinter einer Glaswand gebraut und ist ausschließlich hier erhältlich.

🔴 **Kamppi Helsinki, Urho Kekkosen katu 1, 00100 Helsinki, Tel. +358(0)4 05 67 09 39**
www.kamppihelsinki.fi/en/
🔴 **ÖPNV: Metro M1, M2, Haltestelle Kamppi**

Schwitzen mit Tradition

50 *Lähteen Sauna*

Helsinkis moderne Designsaunas verwöhnen ihre Gäste mit einem geradezu luxuriösen Ambiente und allen erdenklichen Annehmlichkeiten. Eine Wohltat für alle Sinne! Wer dagegen gerne einmal auf ganz ursprüngliche Weise schwitzen möchte, dem sei ein Besuch der Lähteen Sauna empfohlen. Die älteste öffentliche Sauna der finnischen Hauptstadt zeichnet sich durch ihr authentisches Ambiente aus und blickt zudem auf eine eher ungewöhnliche Historie zurück.

Im Jahr 1841 wurde an der Bucht Lapinlahti auf Beschluss von ganz oben die erste psychiatrische Klinik Finnlands eröffnet: Lapinlahden sairaala. In wunderschöner Umgebung sollten fortan Menschen, deren Leben von dunklen Schatten begleitet wurde, wieder ins Licht zurückfinden. Einer der berühmtesten Patienten war Nationaldichter Aleksis Kivi, der sich zwischen 1871 und 1872 wegen seiner chronischen Melancholie dort behandeln ließ. Bis ins Jahr 2008 diente der Komplex als psychiatrisches Universitätsklinikum.

Heute soll das in seiner Gesamtheit als Lapinlahden Lähde bezeichnete Areal eine Kraftquelle für alle Menschen sein. Ein Ort, an dem Gemeinschaft und Achtsamkeit gelebte Werte und nicht nur Worthülsen sind. Urlaub vom Alltag kann man beim Bummeln durch die von Carl Ludwig Engel entworfenen Parkanlagen machen. Es finden sich außerdem gemütliche Cafés, ein Museum, eine Bäckerei und natürlich die Lähteen Sauna. Diese wurde in den 1880er-Jahren erbaut und über all die Jahre rege von Personal und Patienten des Krankenhauses benutzt. Heute steht die Sauna allen offen. An bestimmten Tagen ist die Nutzung jedoch nur mit Vorreservierung möglich. Diese ist generell keine schlechte Idee. Denn nur zehn Personen finden in der Oldschool-Sauna gleichzeitig Platz. Und dann gibt es reichlich Löyly – Aufgüsse mit klarem Wasser. Zur Abkühlung geht es in die Ostsee. Die kleine Badestelle ist nicht einmal 100 Meter weit entfernt. Manchmal braucht es nicht viel, um sich rundum glücklich und zufrieden zu fühlen.

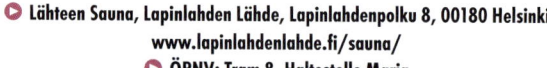

Lähteen Sauna, Lapinlahden Lähde, Lapinlahdenpolku 8, 00180 Helsinki
www.lapinlahdenlahde.fi/sauna/

ÖPNV: Tram 8, Haltestelle Maria

Meer erleben

51 *Auf dem Naturpfad von Uutela*

Eine der zahlreichen Möglichkeiten, um in die Natur einzutauchen, bietet sich ganz im Osten des Stadtgebiets. Wer gut zu Fuß ist, fährt einfach nur mit der Metro bis zur Station Vuosaari und macht sich von dort auf den Weg zur Küste. Möchte man weniger weit laufen, wird ein weiteres Teilstück mit dem Bus zurückgelegt.

Auf der Halbinsel Uutela selbst lädt ein knapp fünf Kilometer langer Rundweg dazu ein, die Landschaft zu erkunden. Der Naturpfad ist so gut ausgebaut, dass selbst weniger geübte Wanderer hier ihre Freude haben. Das Steigungslevel ist ebenfalls human. Und zudem steht schließlich nirgendwo geschrieben, dass die Wegstrecke innerhalb einer neuen Rekordzeit zurückgelegt werden muss. Empfehlenswerter ist es ohnehin, genügend Zeit mitzubringen, um ohne jede Hektik am Meer entlangzuspazieren. Denn hier gibt es Meer satt und jede Menge wunderschöner Ausblicke, nachdem man durch den dichten Wald gewandert ist, der mit seiner Stille eine echte Kraftquelle darstellt.

In Uutela gibt es einiges zu entdecken. Ein Grillplatz am Wasser und ein Badestrand laden dazu ein, dort eine ausgedehnte Rast einzulegen, dem Plätschern der ankommenden Wellen zu lauschen und sich selbst zu begegnen. Auf der östlichen Seite der Halbinsel lockt das Naturschutzgebiet Särkkäniemi mit seiner Flora und Fauna. Wie glücklich können sich doch die Einwohner Helsinkis schätzen, dass sie ihre Stadt noch nicht einmal verlassen müssen, um die Vorzüge eines solch idyllischen Naherholungsgebiets zu genießen.

Auf dem Weg zurück in die Zivilisation, kurz bevor das bebaute Gebiet von Vuosaari erreicht wird, steht an einer Art Kanalmündung das Kahvila Kampela. Das schmucke, in einem rot angestrichenen Holzhaus eröffnete Café bietet Sitzplätze direkt am Wasser mit Blick auf die dort liegenden Segelboote. Der perfekte Ort für eine kleine Stärkung, während der die auf dem Naturpfad geschossenen Fotos gesichtet werden. Wie wäre es mit einer köstlichen Lachssuppe?

· ·

◯ Uutela, Uutelantie 30, 00980 Helsinki
◯ ÖPNV: Bus 819, Haltestelle Uutela, oder Bus 90, Haltestelle Aurinkotuulenkatu

Im Palmen- und Kakteenreich

52 Der Helsinki Winter Garden

Wie wäre es, hoch im Norden Europas exotische Palmen und Kakteen zu bestaunen? Das geht in Helsinki zwar nicht in „freier Wildbahn", es gibt jedoch einen Ort, an dem es möglich ist. Das Gelände des „Kaupunginpuutarha", zu Deutsch Stadtgarten, liegt zwischen dem Olympiastadion und dem Freizeitpark Linnanmäki. Es ist größtenteils nicht öffentlich zugänglich, da hier Pflanzen für die Grünanlagen der Stadt herangezogen werden. Doch Ausnahmen bestätigen bekanntlich die Regel. Nur wenige Schritte von der Bucht Töölönlahti entfernt geht es durch ein eisernes Tor auf das Gelände des Helsinki Winter Garden, den die Einheimischen Helsingin Talvipuutarha nennen. Die Konstruktion aus Stahlträgern und Glaselementen erinnert ein wenig an den einstigen Crystal Palace in London, natürlich im Kleinformat. Auf alle Fälle eine imposante Erscheinung!

Wer zum Winter Garden gelangen möchte, durchschreitet zunächst einmal den parkähnlichen und stufenförmig angelegten Rosengarten, in dem im Frühjahr und Sommer eine herrliche Blütenpracht zu bewundern ist. Der nach Plänen von Gustaf Nyström erbaute Winter Garden selbst wurde im Jahr 1893 eröffnet und zwischen 2010 und 2011 gründlich renoviert. Egal zu welcher Jahreszeit, das als Erholungsort und Treffpunkt für die Städter konzipierte Gebäude steht Besuchern während der Öffnungszeiten kostenlos offen. Es wurde in drei Bereiche gegliedert: Palmenhaus, Kakteenhaus und Westflügel. Heutzutage kann man insgesamt mehr als 200 verschiedene Pflanzenarten bewundern, die hauptsächlich im Mittelmeerraum zu Hause sind.

Ein stimmungsvoller Ort ist der Helsinki Winter Garden auch zur Weihnachtszeit. Dann nämlich wird hier alles mit traditionellen Weihnachtsblumen dekoriert wie zum Beispiel Azaleen, Amaryllis und Hyazinthen. Möglicherweise haben sich auch ein paar Elfen des Weihnachtsmannes zwischen den Pflanzen versteckt und beobachten von dort aus, wie die Besucher durch die angenehm warm temperierten Räume schlendern.

- -

▶ Helsinki Winter Garden, Hammarskjöldintie 1A, 00250 Helsinki, Tel. +358(0)9 31 03 99 85
www.hel.fi/helsinki/en/culture/leisure/experience/winter-garden
▶ ÖPNV: Tram 1, 8, Haltestelle Kaupunginpuutarha

Kunst unter der Erde

53 *Amos Rex*

Amos Anderson machte sich als Verleger des Hufvudstadsbladet, der auflagenstärksten schwedischsprachigen Zeitung Finnlands, einen Namen und kam durch diese Tätigkeit zu einem gewissen Wohlstand, den er großzügig mit anderen teilte. So gilt Anderson als einer der größten Förderer der Kunst in Helsinki. Nahe liegend, dass die finnische Hauptstadt ihren verdienten Bürger posthum damit ehrte, dass das nagelneue Kunstmuseum Amos Rex nach ihm benannt wurde. Finanziert wurde das Projekt durch Andersons schon im Jahr 1940 gegründete Stiftung. 2018 eröffnet, stieg das Museum aus dem Stand in den Kreis der Top-Sehenswürdigkeiten Helsinkis auf. Das war zum einen hochklassigen Ausstellungen zu verdanken, zum anderen hat aber sicherlich auch die architektonische Gestaltung des Kunstmuseums ihren Anteil an dem riesigen Interesse, das ihm zuteilwird. Untergebracht ist es nämlich im legendären Lasipalatsi am Kamppi, der 1936 errichtet wurde und mit seinem nostalgischen Charme ein Wahrzeichen der besonderen Art darstellt. Genauer gesagt wurde dieser Lasipalatsi um einen unterirdischen Ausstellungsbau erweitert, der die Kunstsammlungen von Anderson – vor allem Kunst des 20. und 21. Jahrhunderts, aber auch antike Fundstücke – im wahrsten Sinne des Wortes unter die Erde brachte.

Damit es unten nicht gar zu finster ist, hat das Architekturbüro JKMM Architects sich bei der Planung etwas Außergewöhnliches einfallen lassen. Fünf in futuristisch anmutende Kuppeln aus Stahlbeton integrierte Oberlichter bringen Tageslicht in die unter der Erde gelegenen Ausstellungsräume. Mit einem Belag aus Asphalt und hellen Betonfliesen sind die Kuppeln die gar nicht so heimliche Attraktion des gesamten Museums und geben dem Vorplatz ein modernes Gesicht. Ob Skater, spielende Kinder oder sonnenhungrige Einheimische und Touristen – die Kuppeln des Amos Rex, unter denen der knapp 1000 Quadratmeter große Ausstellungssaal liegt, bringen Menschen zusammen und bereichern das urbane Leben.

▶ Amos Rex, Mannerheimintie 22-24, 00100 Helsinki, Tel. +358(0)96 84 44 60
www.amosrex.fi/en/
▶ ÖPNV: Tram 1, 2, 4, 10, Haltestelle Lasipalatsi

Karaokevergnügen

54 *Ein Abend in der Bar Ihku*

Es gibt ein paar Dinge, für die die Finnen eine feurige Leidenschaft entwickelt haben, von denen es Außenstehende wohl kaum vermuten würden. Da wäre zum einen die Begeisterung für Tangomusik, die in Finnland freilich in ihrer ganz eigenen, eher melancholischen Variante weit verbreitet ist. Zum anderen lieben die Finnen Karaoke und können davon einfach nicht genug bekommen. Nachdem das eine oder andere Kaltgetränk mit Prozenten die Kehle hinuntergeflossen ist, trauen sich selbst sonst eher schüchterne Zeitgenossen auf die Bühne und schmettern voller Inbrunst internationale Hits und finnische Klassiker. Wobei den eigenen Evergreens beim Karaokevergnügen erfahrungsgemäß eine ganz besondere Bedeutung zukommt.

Ein exzellenter Ort, um das Ganze in einem authentischen Umfeld zu erleben, ist die Bar Ihku, ein paar Schritte hinter dem Einkaufszentrum Kamppi gelegen. Erst im Frühjahr 2018 eröffnet, etablierte sich das Lokal insbesondere als Treffpunkt für Karaokefans. In lockerer Atmosphäre kommt man hier schnell auch mit Einheimischen ins Gespräch – und landet am Ende gar beflügelt von guter Laune und Euphorie selbst am Mikrofon. Keine Sorge: Gesangliche Glanzleistungen erwartet hier niemand. Es geht einzig und alleine um den Spaß und für einige sicherlich auch um ein paar Minuten „Fame", ohne sich dabei selbst gar zu wichtig zu nehmen. Nach den Auftritten wird brav applaudiert, selbst wenn gerade kein geborenes Stimmtalent seinen Auftritt hatte.

Im Ihku – es handelt sich um eine Kette, die ihren Ursprung lustigerweise im Wintersportort Levi in Finnisch-Lappland hat – nahm schon manch lange Partynacht ihren Anfang. Wer nach der Karaokesession noch lange nicht genug hat und gerne zu den Beats angesagter DJs und Bands weiterfeiern möchte, muss jedoch nicht zwangsläufig weiterziehen. Der in die gleiche Location integrierte Nachtclub stellt eine verlockende Option dar, um bis in die frühen Morgenstunden durchzutanzen …

◉ Bar Ihku, Antinkatu 1, 00100 Helsinki, Tel. +358(0)4 00 42 12 32
www.barihku.fi/helsinki
◉ ÖPNV: Metro M1, M2, Haltestelle Kamppi

Kaffee vom Feinsten

 55 *Kaffa Roastery*

Die Finnen sind Weltmeister im Kaffeetrinken. Aber trinken sie nicht nur den meisten, sondern auch den besten Kaffee? Und was macht einen richtig guten Kaffee eigentlich aus? Diese und ähnliche Fragen stellten sich Svante Hampf und einige seiner kaffeebegeisterten Freunde im Jahr 2007. Sie entschlossen sich dazu, eine eigene Mission zu starten, um den Finnen den weltbesten Kaffee zu bringen. Als erstes Röstgerät wurde eine Popcornmaschine angeschafft. Es wurde wild experimentiert, was dazu führte, dass eines Tages sogar die Rösterei in Flammen stand. Doch weder Missgeschicke noch Rückschläge konnten Svante und seine Mitstreiter stoppen. Sie reisten rund um die Welt, trafen Kaffeebauern in den Anbaugebieten und unterhielten sich mit ihnen. Angesteckt von der Begeisterung und dem Respekt der Bauern der Natur gegenüber kehrten sie nach Helsinki zurück und beschlossen, in ihrer Kaffeerösterei nicht nur auf Qualität, sondern ebenso auf Nachhaltigkeit zu achten.

Seit 2009 gibt es die Kaffa Roastery im lebendigen Stadtteil Punavuori. Beim Helsinki Coffee Festival wurde der Laden zu Finnlands bestem Coffee-Shop 2019 gekürt. An den Wochentagen können Besucher dabei zusehen, wie hinter einer Glasscheibe der Kaffee geröstet wird. Das unvergleichliche Aroma frischen Kaffees steigt in die Nase und spätestens jetzt ist es an der Zeit, an der Theke eine der Kaffeespezialitäten des Hauses zu bestellen, wo die lockeren und gut gelaunten Baristas dem Gast gerne eine umfangreiche Beratung zu den jeweiligen Herstellungsverfahren zuteilwerden lassen. Die Kaffa Roastery ist nicht nur eine Kaffeerösterei, sondern auch ein entspanntes Café, das ein junges und internationales Publikum anzieht. Wein, Bier, Smoothies, Croissants und Sandwiches runden das Angebot ab. Aber wird es wirklich allzu viele Besucher geben, die nicht ganz gezielt hierherkommen, um einfach nur eine Tasse frisch aufgebrühten, richtig guten Kaffee zu genießen?

TIPP Selbstverständlich kann der Kaffee in hübsch verpackten Paketen auch mit nach Hause genommen werden.

Kaffa Roastery, Pursimiehenkatu 29, 00150 Helsinki, Tel. +358(0)5 04 28 83 15
www.kaffaroastery.fi
ÖPNV: Tram 1, Haltestelle Telakkakatu

KAFFA ROASTERY

ESPRESSO LATTE
MEDIUM ROAST

50 % Brasilia, Minas Gerais (arabica)
35 % Indonesia, Aceh (arabica)
15 % Intia, Chikmagaluru (robusta)

Jos maitopurkkisi pitäisi valita
yksi kahvi mukaan autiosaarelle.
Aina voimakas, aina pähkinää.
Latteuksien sijaan skarppia lattea.

PAPU/BÖNA
PAAHDETTU/ROSTAT 11.08.2020
PARASTA ENNEN/BÄST FÖRE 11.02.2021
PAAHTAJA/ROSTARE Jonna Korhonen
PAAHTAESSA SOI/MUSIK FÖR BÖNOR
Bob James - Take Me To The Mardi Gras

250g

Wasserbusfahrt ins Glück

56 *Die Insel Lonna*

Was gibt es Schöneres, als an einem schönen Sommertag auf schroffen, aber umso romantischeren Klippen zu sitzen, die gute Meeresluft einzuatmen und dabei auf die Kulisse Helsinkis zu blicken? Möglich ist dies auf einigen der finnischen Hauptstadt vorgelagerten Inseln – zu nennen wäre hier beispielsweise der touristische Dauerbrenner Suomenlinna. Doch es muss nicht immer die weltberühmte Festungsinsel sein. Gleich nebenan gibt es ein kleines, aber umso feineres Eiland, das bis heute vor allem unter Reisenden aus dem Ausland als Geheimtipp gilt. Von Lonna haben nur die wenigsten schon gehört. Zu Unrecht! Dabei ist die Insel, auf der früher Schiffe durch Entmagnetisierung für Seeminen unsichtbar gemacht wurden, nur einen Katzensprung vom Marktplatz der Stadt, dem Kauppatori, entfernt. Der Wasserbus benötigt nicht einmal zehn Minuten für die Strecke, die alleine schon eine Fahrt durchs pure Glück ist. Durch das Hafenbecken gleitet das Boot, vorbei an gewaltigen Fährschiffen und an anderen kleinen Inselchen. Motorboote und Segler kommen einem entgegen, die Menschen winken fröhlich herüber. Auf Lonna selbst wartet ein stilvolles Restaurant mit Außenbereich, in dem sich die Besucher mit frisch zubereiteten Speisen aus lokalen Zutaten verwöhnen lassen können. Die Waffeln, die im Café der Insel serviert werden, genießen einen geradezu legendären Ruf. Oder darf es ein kühler Drink von der Bar sein?

TIPP In der Hochsaison ist es eine gute Idee, für das Restaurant und die Sauna vorab zu reservieren!

Freunde des wohligen Schwitzens kommen in der öffentlichen Sauna auf ihre Kosten. Diese wird ganz traditionell mit Holz befeuert – wie in Finnland üblich saunieren Damen und Herren getrennt voneinander. Das sollte dem Glück jedoch keinen Abbruch tun. Spätestens beim sorgenfreien Relaxen auf den gemütlichen Sitzgelegenheiten aus Holz sind die Geschlechter wieder vereint. Wer möchte, wagt ein Bad in der Ostsee. Und mit etwas Fortune lässt sich während des süßen Nichtstuns eine der großen Fähren aus nächster Nähe bestaunen, die direkt an Lonna vorbeifahren.

Lonna, 00190 Helsinki, Tel. +358(0)4 47 19 94 10
www.lonna.fi/en/
ÖPNV: Tram 2, Haltestelle Kauppatori, dann Wasserbus der JT-Line (www.jt-line.fi/eng/)
vom Kauppatori aus

Auf Schatzsuche

57 *Second-Hand-Laden und Café-Bar Relove*

Nachhaltigkeit und bewusster Konsum sind Themen, die auch die Finnen bewegen. Ein guter Ansatz, um Ressourcen zu schonen, ist der Kauf von Second-Hand-Kleidung. Das gilt inzwischen als regelrecht hip und schließlich tut man auf diese Weise nicht nur der Umwelt etwas Gutes, sondern entlastet zudem den eigenen Geldbeutel. Wer keine Lust hat, auf schäbigen Flohmärkten zu stöbern, für den ist das Relove im Viertel Punavuori ein absoluter „Place to be". Die Macher haben hier ein innovatives Konzept umgesetzt, das ankommt: Ein Second-Hand-Laden mit ansprechendem Interieur wurde mit Café und Bar kombiniert, sodass die Menschen hier zuerst auf Schnäppchenjagd gehen und direkt im Anschluss an gleicher Stelle ihre „Beutestücke" bei einer Tasse Kaffee nochmals begutachten und feiern können.

Schon manch eine Perle hat dank dem Relove ihren Besitzer gewechselt. Manch ein vormals sündhaft teures Designerstück ist hier auf einmal zu absolut erschwinglichen Konditionen erhältlich. Das betrifft Mode sowohl für Damen als auch für Herren. „Markenbekleidung für alle" könnte auch das Motto lauten. Aber viel wichtiger als ein Label ist doch im Endeffekt, dass der persönliche Geschmack getroffen wird. Und so findet sich in der kunterbunten Vielfalt von Vintage bis trendy mit an Sicherheit grenzender Wahrscheinlichkeit ein Shirt oder Kleidchen, das dem individuellen Stil entspricht. Für die Anbieter der Kleidung ist es im Übrigen ebenso eine tolle Sache. Sie können All-Inclusive-Pakete buchen, bei denen sie sich selbst um nichts mehr kümmern müssen.

Im Café, das auch einen schönen Außenbereich umfasst, wird gleichermaßen auf Innovation gesetzt. So wird beispielsweise das gesunde und leckere Relove All Day Breakfast den ganzen Tag über serviert – an jedem Tag der Woche. Frische Salate gibt es an Werktagen ebenfalls ganztägig. Dazu noch ein Blaubeer-Datteln- oder Schokoladen-Bananen-Smoothie und das Genusserlebnis ist vollkommen.

Relove Freda, Fredrikinkatu 25, 00120 Helsinki, Tel. +358(0)5 04 62 51 51
www.relove.fi

ÖPNV: Tram 1, 3, Haltestelle Iso Roobertinkatu

Wohnglück am Wasser

58 *Rund um den Badestrand in Aurinkolahti*

Wenn im Hochsommer die Sonne hoch am Himmel steht, die Temperaturen auf über 30 Grad Celsius steigen und die Helsinkier freihaben, kann es an den innenstadtnahen Stränden schon vergleichsweise voll werden. Eine Ausweichmöglichkeit bietet sich im Osten an. Südlich der Metrostation Vuosaari liegt das junge und dynamisch wachsende Viertel Aurinkolahti, was übersetzt „Sonnenbucht" heißt. Ob die Sonne hier besonders häufig scheint, ist nicht überliefert. Fakt ist: Wenn sie denn da ist, kann sich jeder glücklich schätzen, der hier sein Zuhause hat.

In Aurinkolahti liegt der Badestrand nämlich direkt vor den modernen Wohnblöcken, die hier hochgezogen wurden, um den Bevölkerungszustrom in die Hauptstadtregion zu bewältigen. Wer nicht mit dem Bus bis fast direkt an den Strand fahren möchte, erreicht ihn nach einem etwa 15-minütigen Spaziergang durch das Viertel. Dabei fällt auf: Das Wohngebiet macht einen sauberen und gepflegten Eindruck, so wie fast alles in Helsinki. Obgleich die Bauweise der Häuser eher zweckmäßig erscheint, gibt es mit Sicherheit schlechtere Orte zum Leben. Ein Aha-Erlebnis folgt, wenn zwischen den Gebäuden plötzlich glitzerndes Wasser auftaucht. Kurze Zeit später steht man an einer Bucht der Ostsee: der Sonnenbucht. Staunend wandert der Blick von den in Weiß und Grautönen gehaltenen Wohnkomplexen über den breiten Sandstrand bis hinaus aufs Meer. An diesem Strand ist ganz viel Platz für alle, die Entspannung suchen oder gerne ein ausgedehntes Sonnenbad nehmen möchten. Und die Anwohner blicken tatsächlich von ihren Balkonen auf Badestrand und blaues Meer.

Direkt am Strand lockt ein Eiskiosk mit kühlen Kugeln, die bei Groß und Klein für Glücksmomente sorgen. Und wer Hunger oder Durst bekommt, macht einen Abstecher zum nahe gelegenen Café Kampela, besucht die Bierstube am Bootshafen oder lässt sich in einem der Restaurants um die Ecke den Gaumen verwöhnen.

● Aurinkolahden uimaranta, 00990 Helsinki
○ ÖPNV: Bus 90, Haltestelle Aurinkotuulenkatu oder G. Pauligin katu

122

Orthodoxer Glanz

59 *Die Uspenski-Kathedrale*

Ist die weithin sichtbare Kuppel des Doms Hauptwahrzeichen der Stadt Helsinki, so betrachten die Mitglieder der finnisch-orthodoxen Glaubensgemeinschaft die Uspenski-Kathedrale als wichtigsten Ort der Stadt. Die größte orthodoxe Kirche im westlichen Europa steht seit 1868 an ihrem Platz und hat seitdem so einige Veränderungen um sich herum, auch was die politischen Verhältnisse angeht, von ihrem Felsen aus „beobachtet".

Als der Kirchenbau von Alexei Gornostajew geplant wurde, war Finnland noch ein russisches Großfürstentum. Kein Wunder, dass die Besatzer mit der prächtigen Kathedrale nicht nur einen Ort zum Beten und Versammeln für die Gläubigen schaffen, sondern gleichzeitig auch die russische Macht demonstrieren wollten. Nun, Finnland wurde im Jahr 1917 unabhängig, eine Minderheit an orthodoxen Christen gibt es als Erbe dieser Zeit bis heute in Helsinki und für diese Menschen ist die im russisch-byzantinischen Stil errichtete Kirche Dreh- und Angelpunkt ihres gläubigen Lebens. In der Kirche finden nicht nur Gottesdienste, sondern auch Konzerte statt.

TIPP Vom Vorplatz der Kathedrale gelingen Dom-Bilder aus einer spannenden Perspektive.

Aber ganz gleich, ob man nun etwas für das orthodoxe Christentum oder Religionen im Allgemeinen übrig hat, die Uspenski-Kathedrale ist ganz einfach ein unglaublich prachtvolles und beeindruckendes Gebäude. Mit seiner Fassade aus roten Ziegelsteinen stellt das Gotteshaus einen interessanten Kontrast zum weißen Dom dar. Die 13 kunstvoll gestalteten Kuppeln besitzen vergoldete Spitzen. So zieht es Jahr für Jahr etwa eine halbe Million Besucher zur Kathedrale, die ein beliebtes Fotomotiv ist und sich auch auf vielen Postkarten wiederfinden lässt. Wahrlich opulent gestaltet präsentiert sich das Innere der Kirche. Hier wurde ebenso wenig gegeizt wie draußen. Zu bewundern sind mächtige Kronleuchter, kunstvoll gestaltete Ikonen und ein „Himmel" im Kuppeldach. Vor einer solchen Baukunst gilt es sich einfach ehrfurchtsvoll zu verneigen.

Uspenskin katedraali, Kanavakatu 1, 00160 Helsinki
www.hos.fi/en/
ÖPNV: Tram 4, 5, Haltestelle Tove Janssonin puisto

Strandinsel(n) mit Flair

60 *Pihlajasaari*

An heißen Sommertagen gibt es für sonnenhungrige Helsinkier oftmals nur ein Ziel, um einen Strandtag am Meer zu verbringen: die Insel Pihlajasaari. Oder genauer gesagt: die Inselgruppe Pihlajasaari. Denn es gehören zwei Eilande dazu, die Itäinen Pihlajasaari im Osten und die Läntinen Pihlajasaari im Westen. Beide sind durch eine Brücke miteinander verbunden, sodass Besucher mühelos hin und her pendeln können.

Doch wie gelangt man erst einmal dorthin? Vom Festland aus gibt es zwei Verbindungen. Die Wasserbusse der JT-Line legen sowohl in Ruoholahti als auch am Merisatama, direkt neben dem Cafe Carusel, ab. Unweit des Fähranlegers auf der Insel erstrecken sich die beliebten Sandstrände. Wer hier entspannt, kann im gegenüberliegenden Westhafen die Fähren beim Beladen beobachten. Wenn sich die Schiffe auf ihren Weg ins Baltikum machen, schippern sie fast zum Greifen nahe an Pihlajasaari vorbei und sorgen bei Hobbyfotografen für Verzückung. Geradezu karibisches Flair erhält der Hauptstrand durch seine bunten Strandhäuschen. Ob Grün, Gelb oder Rot, die Farbvielfalt der aus Holz erbauten Verschläge lässt das Herz zusätzlich höherschlagen. Als würde dieses nicht ohnehin schon vor Freude hüpfen – vor einem Sand und Meer, hinter einem schattenspendende Bäume und grüne Vegetation.

Hier könnte man den ganzen Tag liegen bleiben, vor sich hin dösen und die Draußen-Zeit mit einem guten Buch genießen, wenn das kleine Sommerparadies vor Helsinkis Küste nicht noch einiges mehr zu bieten hätte. Auf einem Naturpfad kann die Insel erkundet werden, es besteht die Möglichkeit, eine Sauna zu mieten, und etwas abseits gelegene Felsen locken mit ungestörtem Meerblick. Im Süden der westlichen Insel wartet das Restaurant Pihlajasaari auf Gäste. Das Lokal befindet sich in einer mondänen Villa aus dem Jahr 1883, verfügt über eine Terrasse mit Meerblick und lässt erahnen, wie sich das unbeschwerte Leben auf der einstigen Villeninsel in früheren Zeiten angefühlt haben muss.

◉ Pihlajasaari, 00150 Helsinki
www.jt-line.fi/eng/pihlajasaari/
◉ ÖPNV: Wasserbus der JT-Line ab Ruoholahti oder ab Anleger Merisatama am Cafe Carusel

Über den Dächern der Stadt

61 *Die Sky Terrace des Hotels Klaus K*

Helsinki im Sommer – das ist Leichtigkeit, Lebensfreude und zum richtigen Zeitpunkt ein kühler Longdrink. Einer der schönsten Orte, um sich ein solches Getränk zu gönnen, ist die Sky Terrace des Hotels Klaus K, eine Rooftop-Bar mit exquisiten Drinks und einem fantastischen Ausblick.

Die Dachterrasse des exklusiven Hotels ist in den Sommermonaten für jedermann zugänglich. Einfach rein in den Aufzug, hochfahren und sich eines Panoramas erfreuen, das wahrlich einzigartig ist. Während Longdrink, Cocktail oder auch ein wohltemperiertes Craft-Bier die Kehle benetzen, schweift der Blick über die prächtigen Gebäude in der Nachbarschaft, hinüber zum Esplanadi-Park, der grünen Lunge der City. Selbstverständlich ist auch der weiße Dom von Helsinki gut zu sehen und bietet sich an, um ein Erinnerungsfoto zu schießen. Und ist dort hinten am Horizont nicht sogar die Silhouette des Vergnügungsparks Linnanmäki zu erkennen mit Riesenrad und Achterbahnen?

Die Sky Terrace des Hotels Klaus K ist der perfekte Ort, um einen ereignisreichen Tag ausklingen zu lassen. Hier hat man die Garantie, nur auf lächelnde Gesichter zu treffen, die nichts anderes im Sinn haben, als eine gute Zeit über den Dächern Helsinkis zu verbringen. Denn die Atmosphäre sorgt automatisch für gute Laune und positive Vibes. Ein klein wenig fühlt man sich wie der König von Helsinki beim Hinabschauen auf die Straßenzüge von Esplanadi, Bulevardi und Mannerheimintie. Und man wünscht sich, dass es möglich wäre, diesen nahezu vollkommenen Glücksmoment einfach noch ein wenig zu verlängern. Das Schöne ist: Schon morgen ist ein Wiederkommen möglich! Die Rooftop-Bar des Klaus K ist – abhängig alleine vom Wetter – von Anfang Mai bis Ende September jeweils von Mittwoch bis Samstag ab nachmittags geöffnet. Der Eingang befindet sich nur zehn Meter links vom Haupteingang des Hotels. Die Sky Terrace kann auch für private Feierlichkeiten gebucht werden.

· ·

Klaus K Hotel, Bulevardi 2–4, 00120 Helsinki
www.klauskhotel.com/en/
ÖPNV: Tram 1, 3, 6, Haltestelle Erottaja

Geruhsames Inselleben

 Lauttasaari

Ganz im Südwesten der Hauptstadt liegt eine Insel, die nur ungefähr drei Kilometer vom Stadtzentrum entfernt ist und ihre Besucher doch in eine ganz andere Welt entführt. Quer über die Insel verläuft zwar eine der wichtigsten Verkehrsachsen in Richtung Westen, die nach Espoo führende Autobahn Länsiväylä. Fernab der Trasse ist Lauttasaari, ein eigener Stadtteil mit rund 24.000 Einwohnern, jedoch ein Musterbeispiel für entspanntes Leben in der Hauptstadt. Nahe am Wasser und im Einklang mit der Natur!

Dabei ist Lauttasaari auch mit der Metro hervorragend erreichbar. Vom Hauptbahnhof dauert die Fahrt lediglich fünf Minuten. Schon ist man mittendrin in dem kleinen Inselparadies, das sich durch seine lockere Bebauung und ganz viel Grün auszeichnet, umgeben von der im Sommer blauen und in richtigen Wintern weißen Ostsee. Lauttasaari ist einer der schönsten Spots für unvergessliche Sonnenaufgänge und -untergänge in der Hauptstadt. Welch eine Farbenpracht, welch ein Himmelsschauspiel kann man hier genießen, wenn man zur richtigen Zeit am richtigen Ort ist.

TIPP **Im Olutravintola Kaunis Kampela gibt es 14 Bier- und Cider-Sorten frisch aus dem Zapfhahn.**

Doch genug geschwärmt und Zeit für ein paar Fakten. Auf einer Fläche von 3,75 Quadratkilometern besteht der Stadtteil Lauttasaari aus den Teilgebieten Kotkavuori, Vattuniemi, Myllykallio und Koivusaari. Finnischsprachige und schwedischsprachige Finnen haben sich hier niedergelassen. Ihren Namen („Fähreninsel") hat Lauttasaari vom schwedischen Drumsö, was einst ein Dampfschiff war, das die Insel mit dem Stadtteil Ruoholahti verband. Das Schiff gehörte Julius Tallberg, der seinerzeit die halbe Insel sein Eigen nannte. Das von ihm eröffnete Drumsö Casino ist bis heute verantwortlich dafür, dass die Anwohner den beliebtesten Strand liebevoll „Kasinonranta" nennen. Ganz im Süden laden die Parks Särkiniemen puisto, Veijarivuoren puisto und Lauttasaaren ulkoilupuisto zu einer Auszeit am Meer ein. Am besten ganz viel Zeit mitbringen, sich die steife Brise ins Gesicht wehen lassen und die reine Luft bewusst einatmen.

● Lauttasaari, 00200 Helsinki
www.lauttasaari.fi
● ÖPNV: Metro M1, M2, Haltestelle Lauttasaari

Italien lässt grüßen

63 *Putte's Bar & Pizza in der Kalevankatu*

Liest man sich die Bewertungen auf der Facebookseite von Putte's Bar & Pizza durch, wird deutlich, dass dieses Restaurant zu Recht einen ausgezeichneten Ruf genießt. Gepriesen werden nicht nur der tolle Service und die großartige Atmosphäre, sondern immer wieder sind wahre Lobeshymnen auf die Pizzakreationen des Hauses zu entdecken. „Fantastische Pizza", „Die beste superknusprige Pizza nach Rom", „möglicherweise die besten Pizzas in Helsinki" – bei so vielen Vorschusslorbeeren kann der Praxistest kaum schiefgehen. Oder?

Wer das „Putte" besuchen möchte, sollte wissen, dass hier keine Reservierungen möglich sind. Es empfiehlt sich daher, gerade am Abend ein wenig vor dem allgemeinen Ansturm da zu sein, um sich einen der begehrten Sitzplätze zu sichern. Besonders schön ist es im Sommer an den im Außenbereich aufgestellten Tischen. Zum Bestellen geht es rein an die Theke. Kommt etwas anderes als eine Pizza überhaupt in Frage? Wer für den Klassiker der italienischen Küche absolut nichts übrig hat, kann sich alternativ einen Salat bestellen. Diese sind bei „Putte" nicht bloß Beiwerk oder ein notwendiges Übel auf der Speisekarte, wie es einem in manch anderem Restaurant vorkommt, sondern richtig lecker. Bei den Pizzas dagegen gilt: immer wieder diese Qual der Wahl ... Soll es eine klassische Margherita sein, eine Salami oder eine Quattro Formaggi? Wer etwas experimentierfreudiger ist, entscheidet sich für die Pizza Walnut Blue mit Blauschimmelkäse, Walnüssen, Tomaten und Mozzarella. Eine Delikatesse! Vorbildlich: Es werden sogar zwei verschiedene komplett vegane Pizzas angeboten. Die Pizzas, welche nach einem in New York entdeckten Rezept zubereitet werden, schmecken nicht nur fantastisch. Noch dazu sind sie richtig groß. Also langsam genießen, damit als Nachtisch noch ein Tiramisu geht. Besitzer Antto Melasniemi, früher Keyboarder der Erfolgsband HIM, hat über die Jahre hinweg eine erstaunliche Sammlung an zeitgenössischer Kunst zusammengestellt und damit die Wände des „Putte" geschmückt.

TIPP Im „The Cellar" unter dem Lokal finden Clubnächte und Konzerte statt.

Putte's Bar & Pizza, Kalevankatu 6, 00100 Helsinki, Tel. +358(0)1 02 81 82 43
www.puttes.fi/kalevankatu/
ÖPNV: Tram 1, 3, 6, 10, Haltestelle Ylioppilastalo

Tempel der Kreativität

 Kiasma – Museum für moderne Kunst

Wie schafft man es, breite Bevölkerungsschichten für zeitgenössische Kunst zu begeistern? Fragt man die Finnen, würden sie vermutlich antworten: indem man im Herzen der Hauptstadt ein Museum erbaut, das an sich schon eine Attraktion ist und durch seine spektakuläre Architektur die Menschen neugierig macht und anzieht.

Um die komplette Geschichte zu erzählen: Anfangs war das Kiasma ein durchaus umstrittener Bau. Nicht jedem schmeckte es, dass sich im internationalen Architekturwettbewerb ausgerechnet der US-Amerikaner Steven Holl mit seinem postmodernen Entwurf durchsetzte. Kontrovers diskutiert wurde zudem die Lage des nicht gerade unscheinbaren Gebäudes in direkter Nachbarschaft zum Reiterstandbild des finnischen Nationalhelden Carl Gustaf Mannerheim. Noch heute mag der eine oder die andere sich grämen, dass das Museum das Denkmal ein wenig in den Schatten stellt. Die meisten Helsinkier, so scheint es, haben sich jedoch mit dem Kiasma angefreundet, lieben es sogar und sind stolz auf diesen Tempel der Kunst. Längst genießt das Museum weit über die Landesgrenzen hinaus einen fabelhaften Ruf. Nationale und internationale Künstler erhalten einen angemessenen Raum, um ihre Definitionen von Kunst zu präsentieren.

TIPP Mit der Helsinki Card ist der Eintritt kostenlos!

Zu den Sammlungen des Kiasma – das Wort ist eine Variation des biologischen Begriffs „Chiasma" und spielt auf die dekonstruktivistische Architektur des Gebäudes an – gehören mittlerweile mehr als 8000 Exponate. Jährlich kommen um die 100 weitere Werke dazu. Zu sehen sind nicht nur Gemälde oder Skulpturen, sondern auch audiovisuelle Installationen und Gesamterlebnisse. Warum nicht beispielsweise in Form von Hörbeispielen gepaart mit Lichtspielen finnischen Klangkünstlern aus dem Bereich der elektronischen Musik huldigen? Der Kreativität sind keine Grenzen gesetzt und das ist gut so. Das Kiasma macht moderne Kunst für alle erfahrbar und erlebbar. Nach dem Museumsrundgang können die gewonnenen Eindrücke im beliebten Café im Erdgeschoss des Museums diskutiert werden.

Nykytaiteen museo Kiasma, Mannerheiminaukio 2, 00100 Helsinki, Tel. +358(0)2 94 50 05 01
www.kiasma.fi/en/
ÖPNV: Tram 1, 2, 4, 10, Haltestelle Lasipalatsi

Grüne Oase

 65 *Der Park Tähtitorninvuoren puisto*

Helsinki ist eine der grünsten Hauptstädte der Welt. Gut möglich, dass gerade diese Tatsache die Stadt so lebenswert macht und ihr in den entsprechenden Rankings regelmäßig Spitzenplätze beschert. Eben noch mitten im belebten Stadtzentrum, wenige Minuten später in einer der grünen Lungen – in Finnlands Kapitale ist das möglich, ohne ins Auto steigen zu müssen.

Nur wenige Schritte trennen den Marktplatz und die mondäne Flaniermeile Esplanadi vom erhöht gelegenen Tähtitorninvuoren puisto, dem allerersten öffentlichen Park der Stadt. Seit über 100 Jahren lädt er Bürgerinnen und Bürger dazu ein, auf grünen Wiesen Entspannung zu finden, den Duft wunderschöner Blumen zu schnuppern oder den Ausblick auf den Hafen zu genießen.

Während in vergangenen Jahrhunderten auf der Ulrikanvuori genannten Anhöhe Leuchtfeuer die ankommenden Schiffe sicher an ihr Ziel geleiteten, wurde in den 1830er-Jahren unter Federführung von Architekt und Stadtplaner Carl Ludwig Engel ein Observatorium errichtet, welches dort bis heute zu finden ist. Einige Jahrzehnte später entstand rund um die Sternwarte der Park Tähtitorninvuoren puisto. Mit dieser ehrenvollen Aufgabe wurde der Schwede Svante Olsson betraut. In den bereits existierenden Park wurde 1890 ein rundes Türmchen gesetzt, das heute umgeben von Bäumen und Blumen ein hübsches Fotomotiv darstellt.

Die Bewohner der Innenstadt nutzen den Park für Spaziergänge oder um ihrem Workout nachzugehen. Kinder lernen Blumen kennen und sind fasziniert von der bunten Farbenpracht. Insgesamt wachsen und gedeihen im Tähtitorninvuoren puisto knapp 100 Baum- und Straucharten. Für Botaniker sollte es also einiges zu entdecken geben. Unbedingt Teil des Spaziergangs sollte ein Abstecher zum Denkmal für die Schiffbrüchigen („Haaksirikkoiset") sein. Direkt hinter diesem offenbart sich dem staunenden Helsinkibesucher ein herrlicher Blick auf den Südhafen und die dort liegenden Schiffe.

- -

Tähtitorninvuoren puisto, 00130 Helsinki
www.vihreatsylit.fi/en/tahtitorninvuori/
ÖPNV: Tram 2, Haltestelle Eteläranta, Tram 2, 3, Haltestelle Olympiaterminaali, oder Tram 10, Haltestelle Tarkk'ampujankatu

Musik macht glücklich

 66 *Der Happy-Jazz-Club Storyville*

In einer Seitenstraße hinter dem Parlament und dem Nationalmuseum gibt es ein Lokal, dessen an das historische Vergnügungsviertel von New Orleans angelehnter Name schon erahnen lässt, was hier auf dem Programm steht. Im Storyville kommen Freunde jazziger Klänge und fröhlicher Livemusik voll und ganz auf ihre Kosten. Seit mehr als zwei Jahrzehnten existiert der Club schon an derselben Stelle – eine beachtliche Zeitspanne in dieser Branche. Mit seiner Erfahrung in der Gastronomie und einer persönlichen Passion für Jazzmusik schuf Jorma Railonkoski einen in Helsinki einzigartigen Ort, der Musikbegeisterte zu Wohlfühlmomenten einlädt. Unter anderem durfte der Betreiber schon Größen wie Tom Jones und Mitglieder der Band Toto als Gäste begrüßen.

Damit im Storyville nicht nur die Ohren ein Verwöhnprogramm bekommen, ist die Karte gut gefüllt mit verführerischen Getränken für jeden Geschmack. Die Küche des Hauses serviert bis tief in die Nacht hinein leckere Gerichte der kreolischen und Cajun-Küche. An mehreren Wochentagen stehen national und international renommierte Jazzbands und Künstler auf der Bühne und sorgen mit ihren Darbietungen von New-Orleans-Jazz über Dixieland bis hin zu Swing und Rhythm and Blues für ein unvergleichliches Flair.

TIPP Auf der Parkterrasse die leckeren Grillspezialitäten vom Holzkohlengrill probieren!

Ein Garant für stimmungsvolle Abende unter Gleichgesinnten zu jeder Jahreszeit ist der urige Music Club im Untergeschoss. An der Piano Bar im Erdgeschoss lässt sich zu sanften und unaufdringlichen Klavierklängen ein kühler Drink genießen. Ein besonderer Genuss ist es, im Sommer an einem der Tische auf der Parkterrasse im Außenbereich des Storyville Platz zu nehmen. Unter den grünen Sonnenschirmen kommt an lauen Juliabenden schon ein bisschen Südstaatenatmosphäre auf. Wenn die Band jetzt noch einen Jazzklassiker nach dem anderen zum Besten gibt, wird Helsinki zur Hochburg der Livemusik. Vom renommierten Down-Beat-Magazin wurde das Storyville nicht ohne Grund unter die 100 besten Jazzclubs der Welt gewählt.

● Storyville, Museokatu 8, 00100 Helsinki, Tel. +358(0)5 03 63 26 64
www.storyville.fi
● ÖPNV: Tram 4, 10, Haltestelle Kansallismuseo

Helsinkis Höhepunkt

67 Taivaskallio

Knapp 60 Meter über dem Meeresspiegel erhebt sich der „Himmelsfelsen" Taivaskallio. Damit ist der Hügel, der sich auf dem Gebiet des Stadtteils Käpylä befindet, Helsinkis höchste natürliche Erhebung. Nicht wirklich eine Herausforderung für Alpinisten! Vielleicht ist das ein Grund dafür, weshalb die meisten Reiseführer Taivaskallio nicht einmal erwähnen? Unter den Einheimischen ist der Ort dagegen nicht unbekannt. Trotz der geringen Höhe ist die Aussicht mehr als sehenswert und es lohnt sich, die wenigen Minuten Aufstieg durch einen waldähnlichen Park auf sich zu nehmen. Von oben lässt sich die Silhouette der Hauptstadt bewundern. Und wer genau hinschaut, kann ganz weit hinten sogar das Meer erkennen.

Taivaskallio war nicht immer ein solch friedlicher Ort. Die noch heute hier zu bestaunenden Flugabwehrgeschütze erinnern an eine andere, finstere Zeit. Während der Kriege, zwischen den Jahren 1939 und 1944, war hier das Flugabwehrbataillon „Taivas" stationiert. Die vornehmlich jungen finnischen Soldaten leisteten erbitterten Widerstand gegen die russischen Luftangriffe und trugen einen wichtigen Teil zur Verteidigung der Stadt bei. Kein Wunder, dass hier am 6. Dezember, dem finnischen Unabhängigkeitstag, immer eine große Landesfahne gehisst wird.

Zwischen den alten Geschützen und gemauerten Stellungen befindet sich heute ein idyllischer kleiner Teich. Welch ein Glück, dass das Blutvergießen mittlerweile Jahrzehnte zurückliegt und Taivaskallio zu einem Ort geworden ist, der wirklich wie ein kleiner Himmel auf Erden ist. Ein Kraftort in der Großstadt, an dem sich an den Sommerwochenenden junge Leute treffen und dessen Hänge im Winter zum Schlittenfahren einladen. An Silvester versammeln sich hunderte Menschen auf der Anhöhe, um das neue Jahr mit bester Aussicht auf das Feuerwerk zu begrüßen. Dann steigen hier wieder Raketen in den Nachthimmel über Helsinki – aber nicht, um zu töten, sondern um für Augenblicke voller Freude, Euphorie und Hoffnung zu sorgen.

Taivaskallio, 00600 Helsinki
ÖPNV: z. B. Züge I oder K vom Hauptbahnhof bis Haltestelle Käpylä, von dort ca. 6 Minuten Fußweg

Urlaub für die Sinne

68 *Am Ullanlinna-Pier*

Es müssen nicht immer die großen Attraktionen sein, die für Glücksgefühle sorgen. Oftmals liegt der wahre Zauber im vordergründig Unscheinbaren. Es sind die Augenblicke, in denen wir uns einfach rundum zufrieden fühlen mit uns selbst und dem, was uns umgibt. Solche Momente lassen sich nie zu 100 Prozent planen. Es gibt jedoch Orte, an denen die Wahrscheinlichkeit groß ist, dass wir sie erleben. Einer dieser magischen Orte ist der Ullanlinna-Pier, ein Bootsanlegesteg nur wenige Schritte vom beliebten Café Ursula und dem Park Kaivopuisto entfernt. Gut zu erkennen ist der Anleger an einem über dem Steg angebrachten Hinweisschild mit weißem Untergrund, auf dem „Särkänlinna" und „Harakka" steht. Wer genügend Zeit mitgebracht hat, der kann von hier aus mit dem Boot übersetzen auf zwei nahe gelegene Inseln. Harakka lockt mit ursprünglicher Natur und historischen Gebäuden, während es sich bei Särkänlinna um ein 1924 auf der Insel Särkkä eröffnetes Restaurant in einem uralten Gemäuer handelt, das nicht nur für ein romantisches Dinner geeignet ist, sondern auch für eine unvergessliche Hochzeitsfeier.

Doch zurück in die Gegenwart, zurück an unseren friedlich daliegenden Steg, der mit seinen weiß angestrichenen Geländern alleine schon ein herrliches Fotomotiv ist. Weit hinaus in die Ostsee ragt er. Und wer einfach mal für einen Moment für sich alleine sein und nichts anderem als dem Rauschen der Wellen lauschen möchte, der läuft über die Holzbohlen bis zum eigentlichen Anleger, setzt sich hin und schließt die Augen. Jetzt tief einatmen, die gute Meeresluft genießen, wieder ausatmen und langsam die Augen öffnen. Der Blick schweift über das Wasser, von den Inseln Särkkä und Harakka bis hinüber nach Suomenlinna. Vielleicht das Ausflugsziel für den morgigen Tag? Für heute heißt es einfach nur: sitzen bleiben, innehalten und dankbar sein für das kleine Glück, das Helsinki einem hier schenkt. Denn diese Momente sind nicht nur kostbar, sondern man darf sie auch kostenlos genießen.

 Ullanlinnan laituri, direkt neben dem Café Ursula, Ehrenströmintie 3, 00140 Helsinki
 ÖPNV: Tram 2, 3 bis Haltestelle Olympiaterminaali, von dort ca. 12 Minuten Fußweg

Pizza, Pub und Party

 Im Ostrobotnia-Haus

Das Ostrobotnia-Haus, erbaut im Jahr 1912, ist ein monumentales Gebäude in einer Seitenstraße hinter dem Nationalmuseum, dessen Fassade auf eine Bank oder ein Regierungsgebäude hindeuten könnte. Der Komplex befindet sich jedoch bis heute im Besitz dreier Studentenverbindungen, deren Mitglieder hauptsächlich aus den nördlichen Landesteilen Finnlands stammen. Studentenverbindungen in Finnland sind in keinster Weise mit den gleichnamigen Organisationen in Deutschland vergleichbar. Mitglied der Verbindung PPO war zum Beispiel der langjährige finnische Präsident Urho Kekkonen, dem zu Ehren – und hier schließt sich ein Kreis – im Jahr 1973 das im Gebäude befindliche St. Urho's Pub eröffnet wurde. Dieses Pub gehört zu den ältesten ganz Finnlands und bietet neben einer urgemütlichen Atmosphäre hunderte von Biersorten. Kein Wunder, dass Herr Kekkonen hier einst so einige Stunden zugebracht haben soll …

Neben dem Kultpub beherbergt das „Botta", wie das Ostrobotnia-Haus im Volksmund genannt wird, Veranstaltungsräume unterschiedlicher Größe, die für private und gewerbliche Feiern angemietet werden können.

TIPP

Im Restaurant Manala gibt es die wohl größten Pizzas der Stadt.

Manch eine legendäre Underground-Technoparty wurde schon in dem altehrwürdigen Gemäuer gefeiert mit nationalen und internationalen DJ-Größen an den Decks. Wer im Ambiente eines gemütlichen Wohnzimmers feiern will, kann alternativ dazu den Manala Cellar anmieten, der sich unter dem ebenfalls im Botta-Komplex befindlichen Restaurant Manala befindet. Das Manala selbst ist ein beliebtes Lokal mit Innenbereich und kleiner Terrasse, auf der die Plätze in der warmen Jahreszeit besonders gefragt sind. Auf der Speisekarte stehen finnische und internationale Klassiker. Die Weinkarte hält edle Tropfen aus den besten Anbaugebieten der Welt bereit. Bierliebhaber freuen sich über mehrere Sorten vom Fass. Und wen die Sehnsucht nach einem Schlückchen Heimat überkommt, der bestellt sich ein bayerisches Hefe-Weißbier. Wohl bekomm's oder wie die Finnen sagen würden: Kippis!

○ Ostrobotnia, Dagmarinkatu 2, 00101 Helsinki
www.botta.fi
○ ÖPNV: Tram 4, 10, Haltestelle Kansallismuseo

80 Meter über dem Meer

70 *Das Lucy in the Sky*

Als eine der aufregendsten und aufstrebendsten Adressen der Gastroszene Helsinkis gilt das Lucy in the Sky. Dabei befindet sich das Rooftop-Restaurant mit Bar noch nicht einmal in Helsinki, sondern ein Stückchen hinter der Stadtgrenze auf dem Terrain von Espoo. Finnlands schnell wachsende zweitgrößte Stadt ist direkter Nachbar der Hauptstadt und grenzt direkt an diese. Hier im Süden trennt jedoch eine Bucht der Ostsee die beiden voneinander.

Auf eben diese Bucht und das Schärenmeer blickt man vom Dach des Accountor Towers herab, der von der Metrostation Keilaniemi nur wenige Meter entfernt in die Lüfte ragt. Mehr als 80 Meter über dem Meer heißt das Lucy in the Sky seine Gäste herzlich willkommen und macht dabei seinem Namen alle Ehre. Die Ausblicke in alle Richtungen sind atemberaubend und so dürfte es niemanden vom Personal wundern, wenn Neuankömmlinge erst einmal für einige Minuten an den Fensterscheiben kleben und sich von dem fantastischen Panorama berauschen lassen.

Apropos berauschen lassen: Die von Sommelier Pekka Koiranen zusammengestellte Weinkarte kann sich wahrlich sehen lassen. Hinzu kommen diverse Biere und lokale Craft-Biere, Cider und der finnische Klassiker „Lonkero". Wer sich einen exzellenten Cocktail gönnen möchte, der bestellt sich einen Napue Gin & Tonic mit einem der weltbesten Gins aus Finnland. So ausgerüstet kann der Sonnenuntergang kommen! Das Lucy in the Sky serviert natürlich nicht nur Drinks für Genießer. Wer ein „Hüngerchen" mitgebracht hat, bekommt zu Lunch und Dinner auch eine Auswahl an Speisen kredenzt, die einen Querschnitt der modernen, internationalen Bistroküche darstellen. Die Bandbreite reicht von Fisch über Risotto bis hin zum saftigen Steak. Wer möchte, kann sich für ein fertig zusammengestelltes Menü inklusive Dessert entscheiden. Auf ein gehobenes Preisniveau sollte man sich vorab einstellen – dafür wird hier eben auch in höchst exponierter Lage diniert.

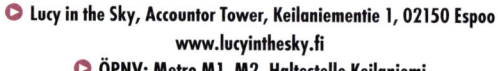

● Lucy in the Sky, Accountor Tower, Keilaniementie 1, 02150 Espoo
www.lucyinthesky.fi
● ÖPNV: Metro M1, M2, Haltestelle Keilaniemi

Von Aalto bis Marimekko

71 *Ein Besuch im Designmuseum*

In einem repräsentativen, 1894 im neogotischen Stil errichteten Backsteingebäude heißt das finnische Designmuseum seine Besucher willkommen. Die ehemalige Schule im Stadtteil Kaartinkaupunki ist seit 1978 Pilgerstätte für Liebhaber des finnischen Designs. Insgesamt beherbergt das Museum mehr als 75.000 Objekte, 45.000 Zeichnungen und 125.000 Fotografien von über 1000 Designern. Ein Eldorado für alle, die kreative Ideen und Innovationen lieben!

Herzstück des Designmuseums ist die permanente Ausstellung, die die Entwicklung des finnischen Designs präsentiert und zahlreiche Klassiker enthält. Selbstverständlich darf hier die kultige Iittala-Vase ebenso wenig fehlen wie Exponate von Stardesigner Alvar Aalto. Die weltberühmten Blumenmuster von Marimekko lassen das Herz eines jeden Designliebhabers höherschlagen. Eero Aarnios aus Kunststoff erschaffener, kugelrunder Sessel ist eine der ganz großen Attraktionen in dieser Schatztruhe des finnischen Designs.

Doch es gibt da natürlich noch so viel mehr zu entdecken. So ist der Entwicklung Nokias zum Weltmarktführer und Handygiganten eine eigene Sektion gewidmet. Wer erinnert sich nicht daran, auf seinem Mobiltelefon eine Runde des legendären Spiels „Snake" gezockt zu haben? Mit Fiskars zählt ein finnisches Unternehmen heute zu den Top-Marken, wenn es um hochwertige Schneidewerkzeuge geht. Wie diese Scheren aus einem kleinen Dorf ihren Siegeszug rund um den Erdball antreten konnten, erfährt der Besucher hier. In einem weiteren Raum steht eine Auswahl der entzückenden Mumin-Tassen von Arabia in der Vitrine. Ein Vintage-Fahrrad der Marke Jopo hängt an der Wand – irgendwie nostalgisch und zeitlos zugleich.

Auf den weiteren Ebenen des Museums laden wechselnde Ausstellungen zum Staunen ein. Warum nicht ein Erinnerungsstück an den Besuch mit nach Hause nehmen? Im kleinen Shop des Designmuseums finden sich vielfältige Andenken. Das elegant gestaltete Café lädt zu einer Ruhepause mit einer guten Tasse Kaffee ein.

▶ Designmuseo, Korkeavuorenkatu 23, 00130 Helsinki, Tel. +358(0)96 22 05 40
www.designmuseum.fi/en/
▶ ÖPNV: Tram 10, Haltestelle Johanneksenkirkko

Dancebeats mit Panorama

 Auf Party-Cruise mit der M/S Emma

„Riiiight in the Night …" dröhnt es aus den Boxen. Die heißesten Dancebeats der 90er bringen die Meute auf dem Dancefloor zum Kochen. Aber wie spät ist es eigentlich gerade? In Helsinkis hellen Sommernächten verliert man schnell mal das Gefühl für Zeit und Raum. Erst recht kann dies geschehen auf einer der beliebten Party-Cruises mit der M/S Emma der Reederei SunLines.

Wer ein Ticket für die stets ausverkauften HitMix-Cruises ergattern möchte, die immer samstags von Anfang Mai bis Ende September stattfinden, sollte frühzeitig aktiv werden. Ist die Eintrittskarte per Mausklick gesichert, muss beim Betreten des Bootes nur noch der Name genannt werden, der auf der Gästeliste vermerkt wurde. Um 18 Uhr legt die M/S Emma pünktlich am Kauppatori, dem Marktplatz von Helsinki, ab. An Bord herrscht jetzt schon ausgelassene Stimmung und unbändige Vorfreude auf die nächsten vier Stunden.

Während die Bar eifrig in Beschlag genommen wird und die Tanzfläche sich langsam füllt, schippert man an der Küstenlinie der Hauptstadt entlang. Sportboote passieren die schwimmende Disko und

TIPP Mittwochs bietet SunLines zusätzlich After-Work-Cruises von 17 bis 19 Uhr an!

die Leute winken rüber. Weiter hinten macht sich eine Fähre auf den Weg nach Tallinn. Und war da nicht gerade die Festungsinsel Suomenlinna zu sehen? Weiter geht es in westlicher Richtung, vorbei am Cafe Carusel und der Designsauna Löyly, hinein ins nächste Hafenbecken, an dem die markanten Türme des Clarion Hotels stehen. „What is Love? Baby don't hurt me …!" Die Emma nimmt Kurs aufs offene Meer. In der Ferne ist die Skyline Helsinkis zu sehen. Prägender Orientierungspunkt: der weiße Dom mit seiner Kuppel. Allmählich sinkt die Sonne tiefer, bis sie wie ein Feuerball im Meer abtaucht. An Bord wird kräftig gefeiert, an der Bar die letzte Runde eingeläutet. Das Partyboot gleitet am Riesenrad vorbei und legt schließlich wieder an. Das Ende einer gelungenen Seereise? Nein. Der DJ legt „Sandstorm" von Darude auf und sobald die ersten Töne des finnischen Trancehits erklingen, rasten alle nochmal so richtig aus.

🔴 SunLines, Linnanlaituri-Anleger am Kauppatori, 00170 Helsinki, Tel. +358(0)1 05 04 24 10
www.sunlines.fi/en/party-cruises/
🔴 ÖPNV: Tram 2, Haltestelle Kauppatori

Tief unter der Erde

 73 *Mit der Metro von West nach Ost*

In praktisch jeder Hauptstadt gehört sie zu den wichtigsten Fortbewegungsmitteln im Bereich des öffentlichen Personennahverkehrs: die U-Bahn. In Anbetracht dieser Tatsache erscheint es nahezu unglaublich, dass es in Helsinki lange Zeit schlichtweg keine gab. Nach jahrzehntelanger Planung wurde die Helsinki Metro 1982 eröffnet. Zunächst handelte es sich dabei lediglich um den Streckenabschnitt zwischen dem Hauptbahnhof und dem Itäkeskus in Osthelsinki.

In den folgenden Bauphasen kamen weitere Stationen hinzu. So ist es heute möglich, vom Fährhafen Helsinki-Vuosaari ganz im Osten bis nach Matinkylä, einen Stadtteil der westlichen Nachbarstadt Espoo, durchzufahren. Aktuell beträgt die Streckenlänge gerade einmal 35 Kilometer. 25 Stationen werden angefahren, von denen 16 unterirdisch liegen – eine davon sogar 30 Meter unter dem Meeresboden der Ostsee. Doch das ist nicht überall so. Die Helsinki Metro eignet sich nicht nur prima dazu, um zügig von West nach Ost oder von jeweils einer Richtung in die City zu kommen. Sie bietet sich ebenso an für entspannte Erkundungen der weiter außerhalb gelegenen Stadtbezirke. Besonders reizvoll ist der Abschnitt zwischen den Stationen Sörnäinen und Itäkeskus, wo die Metro teilweise als Hochbahn unterwegs ist und zum Beispiel auch eine Brücke über einen Seitenarm der Ostsee überquert.

TIPP Mit der leicht zu bedienenden HSL-App wird der Fahrschein bequem und bargeldlos via Smartphone gelöst.

Obwohl die Metro offiziell aus zwei Linien – M1 und M2 – besteht, muss hier niemand großartig Angst haben, einen falschen Zug zu erwischen. Denn die Linien verlaufen größtenteils parallel, trennen sich nur ganz im Osten. Kein Vergleich zu den verwirrenden U-Bahn-Netzen von Metropolen wie London, Paris oder Berlin. Die nördlichste U-Bahn der Welt mit ihren charakteristisch orangefarbenen Waggons diente übrigens als Drehort des Videos zum Welthit „Freestyler" der finnischen Electro-Formation Bomfunk MC's. Sie steht für sorgenfreie und völlig entspannte Fortbewegung, ist sie doch selbst während der Rushhour kaum einmal wirklich überlaufen.

⦿ **Helsinki Metro**
Fahrpläne auf www.hsl.fi/en/
⦿ **Zustieg z. B. am Hauptbahnhof, Haltestelle Rautatientori**

Bezaubernde Natur

 Lammassaari

Unweit von Arabianranta mit seinem Iittala & Arabia Design Centre und den Stromschnellen von Vanhankaupunginkoski, wo die Stadt Helsinki einst gegründet wurde, können Wanderer ein wahres Naturparadies erkunden: Lammassaari, das bedeutet „Schafsinsel". Um Enttäuschungen vorzubeugen: Es gibt dort weder Schafe noch handelt es sich bei dem Gebiet um eine richtige Insel. Es ist vielmehr eine Halbinsel, die vom Wasser der Ostsee umspült wird. Doch genug der Fakten, hinein ins Abenteuer!

Über eine Brücke geht es nach Lammassaari – und schon steht man am Anfang des Rundwegs, auf welchem das zu den Natura-2000-Schutzgebieten der Europäischen Union gehörende Areal auf Schusters Rappen erkundet werden kann. Nach einem Spaziergang durch ein hübsches Birkenwäldchen geht es auf gut ausgebauten Holzstegen weiter. Um einen herum nichts als herrliche Natur. Hinter jeder Ecke ergibt sich eine neue Perspektive. Und wer sich gerne einen Gesamtüberblick verschaffen möchte, erklimmt eine der Aussichtsplattformen. Diese erfreuen

TIPP Für noch mehr ursprüngliche Natur einen Abstecher auf die kleine Nachbarinsel Kuusiluoto einplanen!

sich auch großer Beliebtheit unter Ornithologen, die von der faszinierenden Artenvielfalt des sumpfigen Gebiets angezogen werden. Während des Spaziergangs auf dem mehrere Kilometer langen Naturpfad vergisst man leicht einmal, dass man sich noch immer auf dem Stadtgebiet von Helsinki befindet. Sanft daran erinnert wird man an einer Stelle, wo die sonst so üppige Vegetation einen Blick über die Bucht freigibt hinüber zu den modernen Wohnhäusern des Viertels Arabianranta. Das eine oder andere private Blockhäuschen findet sich auf Lammassaari ebenfalls – und das Pohjolan pirtti im Südosten, ein für Veranstaltungen anmietbares, rot angestrichenes Holzgebäude. Ansonsten nichts als Naturgeräusche. Das Rauschen des Windes, Vogelgezwitscher, nicht definierbare Laute tierischer Bewohner dieses wunderschönen Fleckchens Erde. Ach Helsinki, wie unglaublich vielfältig bist du doch und immer wieder für Überraschungen gut!

🔘 Lammassaari, 00560 Helsinki
🔘 ÖPNV: Bus 71, 78, Haltestelle Tekniikan museo

Nostalgiefaktor 10

75 *Das Restaurant Sea Horse*

Schon von außen wirkt das Restaurant Sea Horse wie ein Relikt aus der fernen Vergangenheit. Das gräuliche Gebäude mit der grünen Leuchtschrift könnte geradewegs einem Film von Kultregisseur Aki Kaurismäki entsprungen sein. Wenn ab der Dämmerung schummrig-rötliches Licht aus den Fenstern schimmert, macht es zunächst eher den Eindruck einer Spelunke für Seeleute. Perfektionierte Tristesse also? Und das soll ein Glücksort sein?

Wer eintritt, wird sich wundern. Zwar erhält auch das Ambiente im Innenraum auf einer Skala von 1 bis 10 die Höchstpunktzahl, wenn es um den Nostalgiefaktor geht. Aber hier ist alles sauber, ordentlich, ja geradezu fein. Einrichtung und Farbgestaltung lassen einen zumindest für den nächsten Moment vergessen, in welchem Jahrhundert man sich befindet. Ist das eine Zeitreise in die 1970er-Jahre? Es wäre möglich, wenn einen nicht das Klingeln des Smartphones im nächsten Moment in die Gegenwart zurückholen würde. Apropos Nostalgie: Die Speisekarte des Sea Horse ist eine Ansammlung finnischer Klassiker, vom gebratenen Ostseehering über gegrillten Lachs bis hin zu traditionellen Fleischbällchen und dem Beefsteak „à la Sea Horse", das es zu internationaler Berühmtheit brachte. Beliebt ist auch das Wiener Schnitzel. Die Weinkarte kann sich sehen lassen.

Rund um die Seepferdchen-Abbildungen an der hinteren Wand des Lokals ranken sich diverse Mythen und Legenden. Eine davon kommt laut dem Betreiber der Wahrheit sehr nahe: Die Seepferdchen wurden von zwei jungen Kunststudenten an die Wand gezaubert. Einzigartig wird das 1934 eröffnete Sea Horse jedoch nicht nur durch sein Interieur. Es ist auch die bunte Mischung an Gästen, von ganz normalen Menschen bis hin zu internationalen Promis. So sollen hier schon Persönlichkeiten wie Philosoph Jean-Paul Sartre und Jazzlegende Dizzy Gillespie gespeist haben. Ob sie wohl ebenso fasziniert waren von der unvergleichlichen Atmosphäre des Restaurants wie die Helsinkibesucher aus aller Welt, die es heute hierhin zieht?

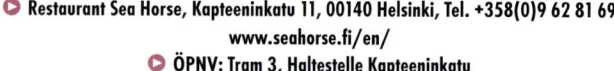

Restaurant Sea Horse, Kapteeninkatu 11, 00140 Helsinki, Tel. +358(0)9 62 81 69
www.seahorse.fi/en/
ÖPNV: Tram 3, Haltestelle Kapteeninkatu

Zu den Eisbrechern

 76 *Ein Spaziergang am Nordhafen*

Wer Helsinki im Hochsommer besucht, kann 30 Grad und mehr erleben. Eine entspannte Sommerstadt voller Leichtigkeit und Lebensfreude, die zu Abenteuern rund um die Uhr animiert. Zu dieser Zeit erscheint es schwer vorstellbar, dass in den Wintermonaten mitunter ganz andere Verhältnisse herrschen können. Zwar sind die Winter in der Hauptstadt auch nicht mehr mit denen vergangener Jahrzehnte zu vergleichen und häufig ähnlich mild wie in Mitteleuropa. Kommt es dann aber doch mal zu einem echten Kälteeinbruch, kann das Thermometer auf -20 Grad Celsius und tiefer sinken. Ist die Ostsee dann so richtig zugefroren, haben die Fähren ein Problem. Doch Rettung naht. Sie hat sich nur ein Hafenbecken weiter vom Haupthafen „versteckt". Hier liegen die riesigen Eisbrecher vor Anker und warten auf ihren Einsatzbefehl.

Um die Flotte zu besuchen, bietet sich ein gemütlicher Spaziergang an. Hinter dem Präsidentenpalais gestartet, wird auf einer der vier Brücken der Kanal überquert, welcher die Halbinsel Katajanokka vom Festland trennt. Nun gilt es einfach, dem nördlichen Ufer von Katajanokka zu folgen, vorbei an einladenden Bars und Restaurants und dem Yachthafen Helsinki Marina, wo einige luxuriöse Kähne vom Wellengang sanft hin und her geschaukelt werden. Von einer der Yachten ertönt Partymusik. Der Duft von Champagner liegt in der Luft. Wir biegen um die nächste Ecke, laufen an einem kleinen Park entlang und können jetzt bereits die Eisbrecher erblicken. Insgesamt sind es acht Schiffe, die vom staatlichen Unternehmen Arctia betrieben werden. Sie hören auf urfinnische Namen wie Voima, Kontio, Urho, Sisu und Otso. Außerdem sind Nordica, Fennica und die hochmoderne Polaris Teil der Flotte, die – wenn es nötig wird – sofort einsatzbereit ist und die Schifffahrtsrouten vom Eis befreit. Ein geradezu surreal erscheinender Gedanke an einem warmen Sommertag! Gelohnt hat sich der Spaziergang am Becken des Nordhafens entlang alleine schon aufgrund des imposanten Anblicks dieser Riesen.

● Merikasarmin laituri, 00160 Helsinki
● ÖPNV: Tram 4, 5, Haltestelle Ritarihuone, von hier aus etwa 15 Minuten Fußweg

Von Stand zu Stand

77 *Schlemmen auf dem Kauppatori*

In den meisten Städten ist der Marktplatz Dreh- und Angelpunkt des Lebens. Das ist in Helsinki nicht anders, wo der Kauppatori – das bedeutet „Marktplatz" auf Finnisch – nicht nur von netten Gebäuden umgeben ist, sondern direkt am Hafenbecken liegt. Wer über den Platz schlendert, kann also den Ausflugsbooten und Fähren beim Ein- und Auslaufen zusehen. Und vielleicht überkommt einen ja dabei auch die Lust, eines der Bötchen zu besteigen, die zu den der Hauptstadt vorgelagerten Inseln pendeln?

Für den Moment bleiben wir jedoch auf dem Kauppatori und sehen uns ein wenig genauer um. Der Markt ist ganzjährig geöffnet an sieben Tagen in der Woche, wobei die Öffnungszeiten an den Wochenenden etwas kürzer sind. Montags bis freitags geht es schon ab 6.30 Uhr in der Frühe los und je eher man vor Ort ist, desto größer ist die dargebotene Vielfalt. Am späten Nachmittag kann es dagegen sein, dass nur noch wenige Stände anzutreffen sind. Aber wonach steht uns denn nun der Sinn? Zu den besonderen Delikatessen auf dem Markt zählen zur Sommerzeit die frisch geernteten Bohnen, Pilze, Kartoffeln und Beeren. Goldgelb strahlen die Pfifferlinge im Sonnenschein um die Wette. Rote Johannisbeeren, Blaubeeren und die verboten süßen finnischen Erdbeeren buhlen um die Gunst des unschlüssigen Marktbesuchers. Nicht wundern: Egal ob Erdbeeren oder Pfifferlinge, sie werden in Finnland nicht in Kilogramm, sondern in Litern abgerechnet.

TIPP Jeden Herbst wird auf dem Kauppatori der Heringsmarkt „Stadin Silakkamarkkinat" gefeiert.

Wer hat Lust auf frisch gefangenen Fisch? An den Ständen auf dem Kauppatori ist auch davon reichlich vorhanden. Zu den ganz besonderen Köstlichkeiten zählen Lachs und Kleine Maräne. Dazu weiß ein lokales Bierchen zu munden. Und zum Nachtisch geht es zum Cafézelt auf eine Tasse Kaffee und Zimtschnecken. Wer diese authentisch in der Landessprache bestellen will, verlangt nach „Korvapuusti". Der Kauppatori ist aber nicht nur ein Ort zum Schlemmen und Genießen. An den Ständen finden sich auch Blumen, Kunsthandwerk und Souvenirs.

🔴 Kauppatori, Eteläranta, 00170 Helsinki
🔴 ÖPNV: Tram 2, Haltestelle Kauppatori

Idylle an der Töölö-Bucht

78 *Sinisen Huvilan Kahvila*

Für nicht wenige Helsinki-Kenner gehört es zu den schönsten Cafés der ganzen Stadt. Das Sinisen Huvilan Kahvila begrüßt seine Gäste in einer malerischen Umgebung an der Bucht Töölönlahti. Es liegt auf einer kleinen Anhöhe über dem Wasser, umgeben von viel Grün und malerischen Villen. Das Café selbst erwartet einen in einer hellblau angestrichenen, 1896 erbauten Holzvilla, in die man sich ganz einfach auf der Stelle verlieben muss.

Lassi und Päivi Helenius haben sich hier ihren Traum von einem eigenen Café erfüllt, das den Menschen Freude schenken und sie der Natur näherbringen soll. 1995 starteten sie mit lediglich drei Plastiktischen im Hof des Anwesens. Angestellte gab es nicht, sondern die Betreiber machten alles selbst. Naja, fast alles. Ein Bäcker war von Anfang an mit von der Partie und sorgte für exzellentes Gebäck, für das das Café bis heute berühmt ist. Noch immer handelt es sich um einen Familienbetrieb, was sicherlich auch seinen Teil dazu beiträgt, dass man sich hier ein bisschen wie im eigenen Garten fühlt. Hach, was wäre es nur für eine

TIPP Herzhafte und süße Köstlichkeiten werden auch zum Mitnehmen angeboten. Wohltat, jeden Tag diesen Ausblick genießen zu dürfen! Quer über die Bucht blicken wir hinüber zum Park Hesperianpuisto und zur Finlandia-Halle, jenem futuristisch anmutenden Konzert- und Kongressgebäude, das nach Plänen des legendären Architekten Alvar Aalto erbaut und 1971 eröffnet wurde.

An einem sonnigen Sommertag gibt es nichts Schöneres, als an einem der Tische des Sinisen Huvilan Kahvila zu sitzen und eine Tasse Kaffee zu genießen, während ein laues Lüftchen von der Bucht herüberweht. Wer möchte, bekommt seinen Kaffee hier auch mit Soja- oder Hafermilch, denn Tradition und Innovation müssen einander nicht ausschließen. Tee und Schweizer Kakao werden ebenfalls serviert. Für das leibliche Wohl stehen leckere Sandwiches mit Schinken, Käse, Lachs oder vegan und ausgewählte Kuchen auf der Speisekarte. Wie wäre es mit einem finnischen Karottenkuchen oder einem herrlich duftenden Käsekuchen?

Sinisen Huvilan Kahvila, Linnunlauluntie 11 H, 00530 Helsinki, Tel. +358(0)50 50 21 15
www.sinisenhuvilankahvila.com/en/
ÖPNV: Tram 1, 8, Haltestelle Kaupunginpuutarha, von dort ca. 7 Minuten Fußweg

Sonnenbaden im Süden

79 *Der Stadtstrand Eiran ranta*

Fast 30 Sandstrände laden in den Sommermonaten Einwohner und Besucher Helsinkis zum Sonnenbaden, Plantschen im Wasser und Entspannen ein. Viele davon liegen etwas außerhalb, aber auch rund um das Stadtzentrum gibt es einige Möglichkeiten, einen unbeschwerten Strandtag zu erleben. Da wäre zum Beispiel ganz im Süden der City-halbinsel der kleine Strand Eiran ranta. Er lässt sich entweder mit dem Bus erreichen oder – wenn etwas mehr Zeit ist – zu Fuß. Der Spaziergang entlang der Strandpromenade vom Marktplatz in Richtung Hernesaari führt vorbei an Parkanlagen und Cafés und bietet Ausblicke auf Inseln wie Särkkä, Harakka, Uunisaari und Liuskasaari.

Am Strand angekommen, heißt es Decke ausbreiten, Badehose oder Badeanzug an und erst einmal ab ins kühle Nass für eine erste Erfrischung! Aufgrund seiner zentralen Lage ist der Eiran ranta insbesondere an heißen Sommertagen stark frequentiert. Er eignet sich daher vor allem für alle, die es gesellig mögen und Action bevorzugen. Denn hier ist immer etwas los. Kinder bauen Sandburgen oder spielen im Wasser mit dem Ball, verliebte Pärchen turteln miteinander, andere wiederum kommen zum Bräunen an den Strand. Ein großes Vergnügen kann es sein, die auf dem in der Sonne glitzernden Meer vorbeigleitenden Segler und Motorboote zu beobachten. Auf so einer Yacht ließe es sich jetzt sicherlich auch gut aushalten, mit einem kühlen Cocktail in der Hand …

Apropos kühle Erfrischungen: Wem es nach einer solchen dürstet, der hat am Eiran ranta gleich mehrere Optionen. In westlicher Richtung sind es nur wenige Meter bis zum Café Birgitta Hernesaari, das über einen großzügigen Außenbereich verfügt. Noch etwas weiter lockt das stylische Sauna-Restaurant Löyly. Und wer wieder ein Stück zurück Richtung Osten läuft, kann sich im Cafe Carusel verwöhnen lassen. Ein schöner Platz, um einfach nur die Seele baumeln zu lassen mit einem selbst mitgebrachten Getränk, sind die Felsen unweit des Sandstrands.

● Eiran ranta, 00150 Helsinki
○ ÖPNV: Bus 18, Haltestelle Eira, von dort ca. 5 Minuten Fußweg nach Westen

Die Leichtigkeit des Seins

80 *Auf dem Prachtboulevard Esplanadi*

Wer urbanes Leben in Helsinki erleben möchte, begibt sich auf die Esplanadi. Nirgendwo sonst ist die finnische Hauptstadt mondäner, nirgendwo sonst hat sie einen vergleichbaren Metropolencharakter. Hier reihen sich exklusive Boutiquen aneinander, von Chanel über Louis Vuitton bis hin zu den finnischen Kultmarken wie Aarikka und Iittala. Elegante Cafés laden nicht nur dazu ein, sich eine Verwöhnpause mit einem Heißgetränk zu gönnen, sondern auch, dem ewig faszinierenden Spiel namens „sehen und gesehen werden" zu frönen.

Doch keine Angst. Die Esplanadi ist längst nicht nur eine Flaniermeile für die Reichen und Schönen. Hier fühlen sich alle Gesellschaftsschichten wohl und willkommen – ganz gleich, ob man nun mit Einkaufstüten voller Luxusmode von einem Laden zum anderen schlendert oder einfach nur die Stadt mit allen Sinnen aufsaugen möchte.

Genau genommen gibt es nicht die eine Esplanadi (schwedisch: Esplanaden), sondern es handelt sich um zwei parallel zueinander verlaufende, jeweils mehrspurige Straßen: im Norden die Pohjoisesplanadi und im Süden die Eteläesplanadi. In deren Mitte erstreckt sich ein großzügig gestalteter Park mit Bäumen, Bänken und Rasenflächen, auf denen sich die Helsinkier im Sommer zum Picknick zu treffen pflegen.

Umrahmt von all dem Grün lässt es sich einmal quer durchspazieren, zum Beispiel von West nach Ost. Von der Tram-Haltestelle Ylioppilastalo geht es am Schwedischen Theater entlang, vorbei an der Statue des Nationaldichters Johan Ludvig Runeberg, die im Zentrum des Parks thront, bis hinunter zur Havis Amanda, hinter der bereits der Marktplatz Kauppatori sowie das Hafenbecken zu sehen sind. Die „Espa" ist vor allem in der warmen Jahreszeit ein lebendiger Ort der Begegnung, wo das Herz der Hauptstadt schlägt und die hellen Sommernächte nie zu enden scheinen. Im Winter dagegen wird es ein wenig stiller im Esplanadi-Park. Helsinkis Prachtboulevard erstrahlt dann im Glanze stimmungsvoller Weihnachtsbeleuchtung.

Esplanadi, 00130 Helsinki
ÖPNV: Tram 1, 3, 6, 10, Haltestelle Ylioppilastalo, oder Tram 2, Haltestelle Kauppatori

Bibliografische Informationen der Deutschen Nationalbibliothek
Die Deutsche Nationalbibliothek verzeichnet diese Publikation in der Deutschen Nationalbibliografie;
detaillierte bibliografische Daten sind im Internet über http://dnb.d-nb.de abrufbar.

© 2021 Droste Verlag GmbH, Düsseldorf
Konzeption/Satz: Droste Verlag, Düsseldorf
Einbandgestaltung und Illustrationen: Britta Rungwerth, Düsseldorf, unter Verwendung von Bildern von
© Fotolia.com: jd – photodesign.de; © iStock: Plociennik Robert
Fotos: René Schwarz, außer:
Annika Sorjonen/Korkeasaari Zoo: S. 53; Bar Ihku: S. 115; Café Torpanranta: S. 65; Hartwall Arena: S. 63; Jonas Burow:
S. 31; Lili Nissilä: S. 19; Lähteen Sauna: S. 107; Modern Love Oy: S. 133; Nadia Heiniö: S. 147; Pietari Purovaara: S. 81;
Serena Waterpark: S. 67; Sinisen Huvilan Kahvila: S. 163; Tanja Frisch: S. 21, 25, 55, 61, 71, 89, 99, 101, 127, 155;
The Riff: S. 73; Werner Müller: S. 47; www.stock.adobe.com: S. 9 (Stephan Sühlig), 49 (Subodh), 93 (David Navrátil);
www.shutterstock.com: S. 29 (Tatu Lajunen), 131 (HE68)

Druck und Bindung: LUC GmbH, Greven
ISBN 978-3-7700-2259-5

www.droste-verlag.de